鈴木 一史

国語教師のための

語彙指導入門

明治図書

JN218590

はじめに

「語彙」という言葉は、いつごろから使われ始めたのでしょうか。

語彙論研究は歴史も長く、多くの研究者が言葉の問題と格闘してきました。語彙という言葉は主に研究対象としての概念を表す専門用語でした。よって、今までは「彙」という字は常用漢字ではなく、新聞や書籍などに出てくる場合「語い」「語い（彙）」「語イ」などと書き表されていました。それが、２０１０年に常用漢字表の改定により新しく１９６字が追加され、その中に「彙」も含まれています。このことにより、現在では新聞雑誌などを含めて「語彙」という漢字表記がされるようになっています。そして、２０１７年に改訂された学習指導要領では、内容の改善・充実の一番はじめに「語彙指導」が示されることとなりました。また、ここ数年で一般書籍にも「語彙」と銘打った書籍が多く出版され、この言葉自体が人口に膾炙してきています。

かくいうこの本の書名にも語彙という言葉が入っています。10年前では考えられなかった書名のつけ方かもしれません。「Google Books Ngram Viewer」というウェブ上のサービスを使うと、過去に出版された膨大な書籍の中で特定の語がどれぐらい使われているかを検索することができます。残念ながら、日本語版はまだありませんが、英語で語彙を意味する「vocabulary」を検索すると、右肩上がりで出版割合が増えていることがわかります。このことからも、語彙という言葉と考え方が近年広まってきていることがわかります。現在では当たり前のように使っている「語彙」という捉え方も、一般的に使われてきた歴史を遡ると、そう長くはないようです。

それでは、語彙という考え方は教育的にどのように捉えればよいのでしょうか。よく、「語彙力がない（ある）」という言い方を耳にします。自分で語彙力があると自信をもって公言できる人は少ないでしょう。しかし、他者に対しては、「あの人は語彙が豊富だ」と感じることがあります。それは、語彙というものが、個人によって違うからです。語彙とは、言葉のまとまりのことです。自分がもっている言葉のまとまりである言語総体と、他者の言語総体が違うのは当たり前であり、完全な包含関係にはありません。図にすると円が複数組み合わさっている「ベン図」のようなものです。一つひとつの円が個人の語彙です。そして、ベン図の円が重なっている部分が、他者との共通の語彙です。すると、重なっている部分が大きければ大きいほど、他者とのコミュニケーションがとりやすくなることは想像に難くありません。

しかし、どんなに言葉を増やしても、自分にはない言葉を他者がもっていることがあります。それが、他人の言葉づかいを聞いて「語彙が豊富だ」と思うゆえんです。したがって、この円を大きくしていくことが語彙教育に求められてきます。

そこで、語彙教育を考えるときには、語彙そのものをいくつかのまとまりに分けて考える必要があります。こうすることで、必要な語彙というものがはっきりしてきます。この本の中には、語彙をどのように考えていけばよいかについて、いろいろな事例を基に示していますが、例示された言葉がどのような性質をもっているのかについてはっきりさせないと、語彙という大海でおぼれてしまうかもしれません。ここでは、「理解語彙」と「表現語彙」という分け方を踏まえて、学ぶべき語彙の分類を以下のように考えています。

・日常生活に必要な語
・日常生活を豊かにする語
・（各教科）学習に必要な語
・思考力を高める語
・専門用語

これらの言葉を一括して「語彙力」としてしまうと、どの語彙が足りないのか、何が問題なのかを見誤ってしまいます。これらの語彙には学習すべき優先順位や学習によってしか培われない語もあります。本書では事例とともに様々な言葉に触れています。それらの言葉を正確に捉えることで、語彙能力は大きく伸長するはずです。さらに、どのような語が学習すべき語であるのかについて、現在では多くの蓄積されたデータによって示すことができるようになってきました。

今まで積み重ねられてきた語彙指導に関する教員の知見がデータと結びつくとき、客観的根拠を伴った効果的な語彙指導が実現され、学習者の中に豊かで広い語彙の世界が広がることになるでしょう。

本書が国語科教育の教科指導のみならず、言語環境としての教員の言葉に多くの変化をもたらし、豊かな言葉の使い手として子どもたちの成長に寄与することがあれば、これに勝る喜びはありません。

2019年4月

鈴木　一史

国語教師のための
語彙指導入門

もくじ

第1章 言葉と語彙

第4章　国語のテストの成績と語彙

第5章　作文と語彙

第8章 古語と色を含む言葉

第1章 言葉と語彙

言葉を学ぶということ

私たちは言葉で世界を理解しています。

例えば、雨。日本語には多様な雨の言葉があります。春雨、五月雨、梅雨、夕立、秋雨、時雨、慈雨、氷雨、篠突く雨、霧雨、狐の嫁入り、叢雨など、様々な雨の言葉をもっています。それぞれの雨は、特定の季節だったり、特定の降り方だったり、その雨に対する思いが表れていたり、様々です。雨はいわば、「水」には違いないのですが、私たちはそれぞれに微妙な違いを見つけて、生活の中で使い分けてきました。

1年のうちで1日しか使わない雨もあります。「曽我の雨」「虎が雨」という雨です。これは、曽我兄弟が仇討ちをした日とされる（建久4年）陰暦の5月28日に降る雨のことです。赤穂浪士の仇討は歌舞伎をはじめ、映画やテレビドラマなどにもなり有名ですが、曽我兄弟の仇討も江戸時代には能や歌舞伎などで人気を博したお話でした。この日だけ降る雨に名前をつけたということは、この物語がどれほど広く親しまれていたかがわかります。

それと同時に、雨が私たちの日常生活とは切っても切り離せない現象であったということでしょう。

私たちは毎日のように天気予報を見ます。そして、その日の行動を考えたり、服装を考えたりします。しかし地球上には、雨がまったく降らず、1年の気温がほとんど変わらない地域もあります。ナスカの地上絵で有名なペルーでは、リマなどは1年の降水量は1ミリ程度です。だからこそ地上絵が流されもせず侵食もなく残っているのでしょう。そのような地域では、雨に対してはほとんど関心がなくなります。今日の降水量を心配する必要がないのですから。

また、私たちは羊の肉について、「マトン」と「ラム」といいますが、その2つを分ける言葉はもっていないために、外来語をそのまま輸入しています。しかし、羊が生活の一部となり、羊とともに生活している人々の間では、「マトン」と「ラム」の違いは大きく、さらに羊の性別や年齢などによって差異化する言葉をもっています。

このように、言葉と生活は密接な関係をもっています。私たちの生活に必要な言葉、見分けなければならない必要が生じたときに言葉が生まれてくると言い換えてもよいかもしれません。

そして、見分ける必要がないときには、私たちには便利な言葉があります。「雑」です。「雑草」「雑海藻」「雑茸」「雑誌」「雑所得」など、十把一絡で考えてよいときは、一つひとつ分けずに把握する言葉です。

もともと、現代語で「理解する」という意味の「わかる」は、古語の「分離する。おのずと区別がつく」の「わかる」に由来します。つまり、あるものとあるものの違いを理解することがわかるということでした。ですから、雨の様子が異なっていることを把握して、名前をつけることで、様々な雨を理解してきた先人たちの様子がうかがえます。

ただ、現在は、雨の言葉は多様性が失われ、気象用語にとってかわられている感がありま す。例えば、「酸性雨」「雷雨」「豪雨」「大粒の雨」「弱い雨」などです。これも現代の私たちの生活が変わってきている一つの兆候なのかもしれません。

感化的内包と言語文化

言葉は「辞書的な意味」だけにとどまりません。文脈が大切です。一例をあげると、「黒猫」という言葉は、色が黒い「食肉目ネコ科ネコ属」の動物を指しますが、当然、私たちの生活の中で使われる言葉としては、それだけにとどまりません。そこに、いろいろなニュアンスやイメージがついてきます。

北原白秋の黒猫に対するイメージは相当悪かったようで、

恰度、夏の入日があかあかと反射する時、私達の手から残酷に投げ棄てられた黒猫が、黒猫の眼が、ぬるぬると滑り込みながら、もがけばもがくほど粘々しい瀉の吸盤に吸ひ込まれて、苦しまぎれに斷末魔、爪を掻きちらした一種異様の恐ろしい粘彩畫の上を、女はまた輕るく走りながらその板を滑らせては光澤《つや》つやと平準《なら》してゆく。

（北原白秋『思ひ出』）

などのように、かなり悪いイメージを色濃く表現しています。北原白秋はきれいな詩を書くことも多いだけに、この文章だけでなく黒猫の描き方には特徴があります。

また、寺田寅彦の随筆には、小泉八雲の画本を見たときの様子が書かれていますが、それには、

「船幽霊」の歌の上に黒猫が描いてあったり、「離魂病」のところに奇妙な蛾の絵が添えてあったりするのもこの詩人の西欧的な空想と連想の動きの幅員をうかがわせるもののようである。（寺田寅彦『小泉八雲秘稿画本「妖魔詩話」』）

とあり、黒猫が、怪奇なものや不気味なもの不吉なものという印象を齎してきたことがうかがえます。

また海外の有名な小説『黒猫』では、

この猫の知恵のあることを話すときには、心ではかなり迷信にかぶれていた妻は、黒猫というものがみんな魔女が姿を変えたものだという、あの昔からの世間の言いつたえを、よく口にしたものだった。（エドガー・アラン・ポー、佐々木直次郎訳『黒猫』）

というように、魔女を連想させるものとして描かれています。これは、『魔女の宅急便』という映画に黒猫が登場したことからも、現代にも通じる感覚といえるでしょう。

このように、「黒猫」一つとっても、単に黒い猫というだけでなく、知っているイメージがついてきます。これを感化的内包ともいいます。同様の現象や物体を指示していても、それをどのような言葉で表現するかによって、伝えるイメージ、受け取る印象が変わってきます。ですから、わからないことがあって、それを辞書で引くだけでおしまいにすると、実はわかっていなかった、実は使えない、という言葉になってしまいます（言葉のイメージを理解していないと、本当に言葉を知っているとはいえないのです）。

言葉を単語に区切るということ

正岡子規に次のような短歌があります。原文はすべてひらがなで書かれているわけではありません。しかし、この短歌を便宜上次のようにすべてひらがなで、高校生と大学生に提示しました。多くの高校生・大学生は、意味を正確に捉えられます。さらに、正岡子規という人物についての知識がある人は、「病床六尺」などの作品や子規の境遇から、どのような状況なのか「解釈」までします。

解釈までいかなくても、この歌がどのような意味かはそれほど難しくないでしょう。一読して考えてみてください。

かめにさす
ふじのはなぶさ
みじかければ

たたみのうえに
とどかざりけり

漢字で書くと、その意味は一目瞭然です。漢字に直せるものをすべて漢字に直すと次のようになります。

瓶に挿す
藤の花房
短ければ
畳の上に
届かざりけり

それでは、何が問題なのでしょうか。それは、誤読です。
まず「かめにさす」を「亀に刺す」と読んでしまうのです。しかし、これは間違いとは言えません。もし、この一文しかなかったとしたら、そのように読むことは文法上可能です。

しかし、短歌全体を読んでもなお、そのように読んでしまう理由は何でしょうか。それは、「瓶」というものが現代の日常生活では使われない言葉となってしまっているからです。「水瓶」などで使うことはほとんどなく、多くは「花瓶」「哺乳瓶」「ガラス瓶」などです。だから「かめ」といえば、むしろ「亀」であり、こちらの頻度の方がはるかに多くなっています。頻度が多いということは、よく目にし、よく使われるということであり、畢竟、簡単に連想される単語だということです。

次に「藤の花」や「短い」や「畳」などは、音だけでも連想される言葉であり、それほど大きな間違いはありません。しかし、最後の「とどかざりけり」はどのように誤読されてしまうでしょうか。

一文目が「亀に刺す」であるとすると…。

誤読者の頭の中では、次のように変換されます。

「トド　飾り　けり」

なんと、畳の上にトド（哺乳綱ネコ目（食肉目）アシカ科トド属）を飾ってしまうことになります。

ここにも現代の読み手が連想しにくいことが含まれています。それは、「届かざり」の打消しの「ざり」です。打消しの助動詞「ず」はすぐにわかりますが、その活用の「ざり」は現代ではあまり使われません。すると、語の区切りとして「飾り」が浮かび上がってきます。こうなると、その上にある言葉「とど」はもはや、動物のトドとしか考えられません。

このように、読み手が、どこで単語を切って、どのように理解するのかは、読み手の言語経験によるものが大きいのです。

と同時に、その言語経験は、単に辞書で引いて調べたというだけでなく、どのような文脈の中で出会ったかということに大きく影響されます。

もう一例あげましょう。今度はもっと簡単な詩です。

谷川俊太郎の「ののはな」（『ことばあそびうた』福音館書店、１９７３）という詩ですが、これは原文がすべてひらがなで書いてあります。ですから、「読めない」ということはないように思えます。

ののはな

はなののののはな
はなのななあに
なずななのはな
なもないのばな

この4行の短い詩ですが、この1行目「はなののののはな」を漢字に直してみると、次の2通りの漢字の直し方に分かれてしまいます。

花野の野の花
花の野の野花

どちらが正しい直し方かわかりますか。
さらに、3行目「なずななのはな」に至っては、

ナズナ（薺）な　野花

と読む人が出てきます。「ナズナのような」という意味でしょうか。名詞に「な」をつけて、下の体言につなげる使い方は、最近多くみられるようになってきました。「大人な感じ」「雨な様子」などが聞かれます。これはもともと、「必要なこと」「不思議な感じ」など、形容動詞として分類されているような言葉の活用として「○○な」としていたところが、使い方が拡大し、多くの名詞につくようになっています。そこで、植物の「なずな」も、薺のようなという意味合いで、区切ることができると考えてしまっても無理はありません。

このように、私たちが何気なく読んでいて、当たり前のように思っている言葉も、単語に区切るというのはなかなか難しいことです。そして、自分の言語体験に即して言葉を類推していくために、これらのような誤読が起こってしまいます。

では、こうした読み方にならないためにはどのようにすればよいのでしょうか。

よく、語彙の拡充には本を読むことが有効だといわれます。これはもっともなことです。

なぜならば、語とは、単独で存在するのではなく、言語ネットワークの中で位置づけられて意味を成すものだからです。本の中に出てきた言葉は、その前後の文脈にきちんと位置づけられています。そこで、私たちは、辞書を引かなくても、前後の文脈から類推して意味を理解していきます。この学習活動こそが、語彙習得に欠かせないプロセスです。したがって、学校教育の中で、この学習プロセスを意図的に生じさせることによって、語彙が広がり深まっていくことが期待されます。

語彙の広がりと深まり

語彙の拡充は意図的に行わなければならないのでしょうか。生活していくなかで、自然に増えていかないものでしょうか。

最近よく聞く言葉の「やばい」を例にして考えてみます。次のような使い方が考えられるでしょうか。

「テスト勉強やばいんですけど」

「あんかけチャーハンがおいしくてやばい」

「テンションがやばい！」

「やばい」のもともとの意味はさておき、よい意味でも悪い意味でも使われていることがわかります。一つの言葉が、多様な意味を担うようになると、今まであった言葉のバリエーションが失われていきます。つまり、今まで状況によって使い分けられていた言葉、状況を的確に示すために使われていた言葉が、収束していく傾向が見られます。そして、いろいろな状況が一つの言葉で示せるのであれば、わざわざ複雑な言葉を用いなくてもよくなり、さらにコミュニケーションの観点からは、広い概念の言葉を使用したほうが、他者と共有する範囲が広くなるために、さらに流布していくということとなります。

おいしいという意味の「やばい」も、文脈がなければ、「このラーメン、やばい」では、どちらの意味かわかりませんが、そこに会話している状況や前後の文脈が存在することによって、話し手と聞き手はどちらの意味か迷うことなく使い分けて判断しています。

このように、多くの状況を包含する言葉は便利ではありますが、多用されることによって、反対に様々な言葉が失われてしまうことにもなります。「おいしい」という意味で使われる言葉には、

・コクのある
・味わい深い
・味わいのある
・深みのある

・旨みがある
・旨味がある
・ウマ味がある
・うま味がある
・ウマい
・旨い
・味わいがある
・いい味出してる
・甘露甘露
・美味しい
・美味い
・味がある
・味のある
・風味がよい
・オツな味

など、いろいろな言い回しがあります。

ほかに比喩表現なども含めれば、その場に合った、そのもののおいしさをより細かく伝えられるような表現になってくるでしょう。そして、これらの言い回しは、教育の場で多くの文脈に触れることによって育まれていきます。日常生活では、「やばい」一語でも通用していた場面に、様々な言葉を広げてあげることで、語彙が拡充されていきます。これが教育の場で行う語彙指導です。

漢字の読み書きと日常性

２００６年７月に国立教育政策研究所教育課程研究センターが中心に行った「特定の課題に関する調査（国語）」では、全国規模で漢字の読み書きに関する調査を行いました。そこで、６年生に対する書き取り問題では、以下のような問題が出題され、その正答率が示されています。

・「おしらせ」をかいらんする。　３３・６％
・委員会をもうける。　３４・３％
・スイカをきんとうに分ける。　３５・３％
・うたがいを晴らす。　３９・４％
・けいけんしたことを新聞にまとめる。　４４・６％
・じゅんじょよく体育館に入る。　５０・４％

・仕事で自宅をるすにする。　５２・０％
・冬になると池に氷がはる。　５３・３％
・バスが駅と団地をおうふくする。　５６・１％
・カラスの数がひじょうに多い。　５７・１％

この調査で重要な点は、なぜ漢字の読み書きでこのような差が生じるのかという点です。通常、学校で行う漢字のテストでは、１人の学習者が、どの程度漢字を書けるかをテストします。そして、書けなかった漢字は書けるように練習するなど、自分がどの漢字が書けないのかを判断するために行うことがテストの意味です。そして、そのことを学校などの集団で行うことによって、学習者の「順位」が生じます。自分が何パーセント正解したかによって、順位がわかります。

ところが、この調査のおもしろいところは、個人の順序ではなく、書き取りされる漢字の順序が出ることです。つまり、どのような漢字は正解しやすく、どのような漢字は正解しにくいのかについて、順位が生じるのです。

それでは、なぜこのような漢字の順位性が生じるのでしょうか。

共分散構造分析

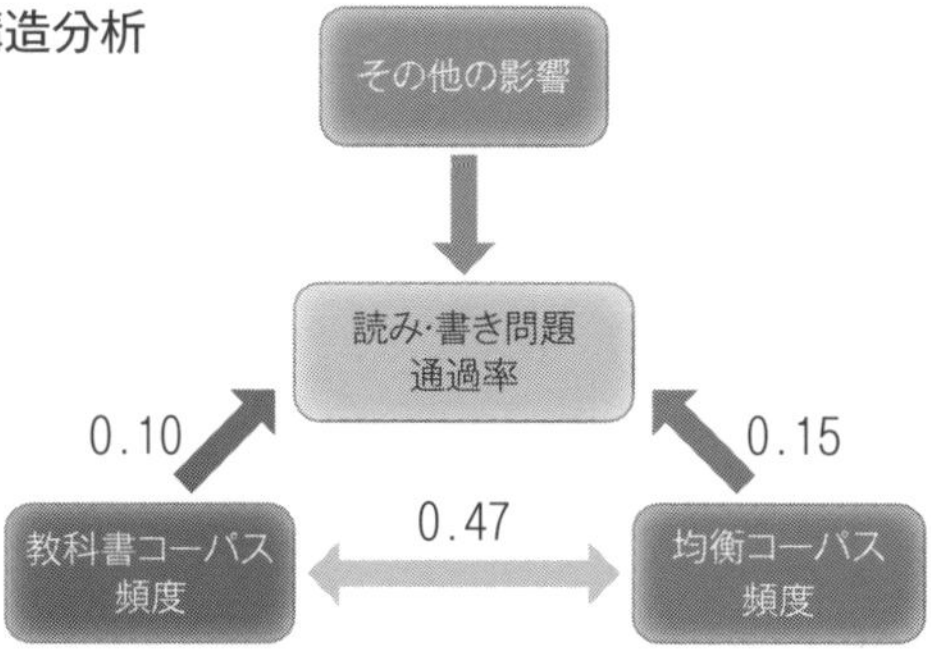

考えられる原因は、日常生活でよく目にする、といったことでしょう。では、日常生活でよく見る、ということをどのようにしたら証明できるのでしょうか。

今まで、このようなことを実証することはできませんでした。しかし、現在国立国語研究所が中心になって「現代日本語書き言葉均衡コーパス（BCCWJ）」というものがつくられ、1億語の日本語のデータベースが構築されました。さらに、教科書の言語データもデータベース化することによって、「教科書コーパス」も構築されました。こうして、このデータベースと漢字の正答率の関係を調べることで、日常的によく見る、ということを「頻度」に置き換えることが可能となりました。そこで、仮説として「読み書きともに、日常生活や学習場面でよく使用するものは高い通過率である」ということについて、調べてみることにしました。

すると、影響力を調べてみると、上のような結果が得られ

共分散構造分析（読み問題）

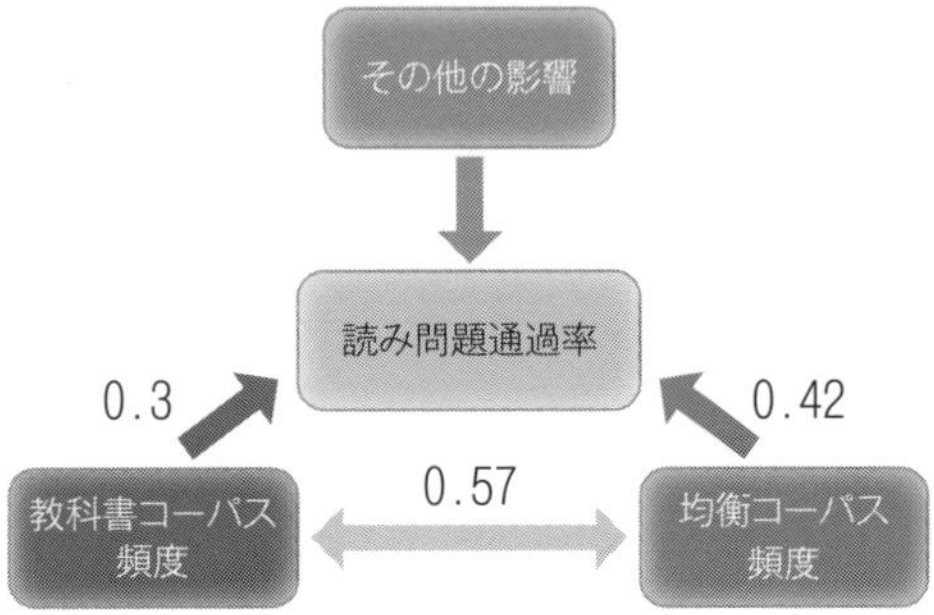

ました。

この結果からは、「読み書き」の正答率には、BCCWJ（均衡コーパス）も教科書コーパスも同じくらいの影響力があることがわかります。

しかし、「読み書き」の正答率を「読み」と「書き」に分けて調べてみると、おもしろい結果がわかりました。

読みの結果は、上の数値になります。

読み問題では、BCCWJ（均衡コーパス）の影響が大きく出ています。つまり、読みに関する正答率は、いろいろな書物によく出てくるかどうかが大きく影響していることがわかります。たくさん目にすれば、読める割合も大きくなるということです。

このように考えると、先ほどの仮説が実証されたかに思えます。

共分散構造分析（書き問題）

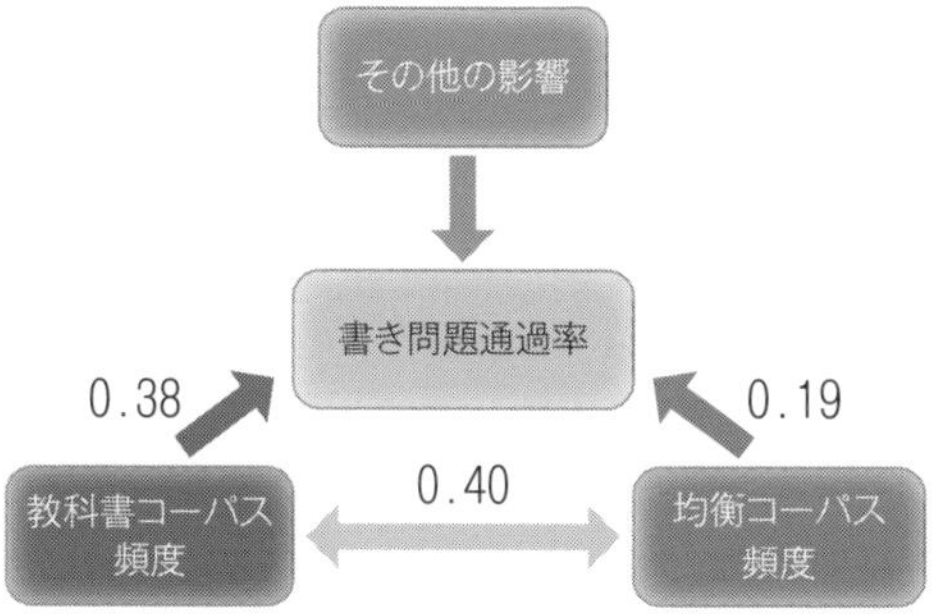

しかし、書くことについてはどうでしょう。

書くことの正答率と、BCCWJ（均衡コーパス）と教科書コーパスの影響力を示したのが上の図の数値です。なんと、今度は教科書コーパスの影響力がかなり大きくなっています。

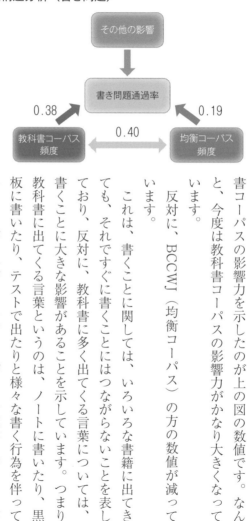

反対に、BCCWJ（均衡コーパス）の方の数値が減っています。

これは、書くことに関しては、いろいろな書籍に出てきても、それですぐに書くことにはつながらないことを表しており、反対に、教科書に多く出てくる言葉については、書くことに大きな影響があることを示しています。つまり、教科書に出てくる言葉というのは、ノートに書いたり、黒板に書いたり、テストで出たりと様々な書く行為を伴っていることがうかがえます。したがって、漢字を書くことができるようになるためには、実際の書くという行為が必要であり、本を多く読んだだけでは書けるようにならないことが示されました。

そこで、先ほどの仮説に戻ると、一般的によく目にするというのは、読むことの能力に対しては有効であると言うことができるが、書くことの能力に対しては、教科書などを使って実際の書く行為を伴うことではじめて育成されるということがわかりました。

教科書の中で使われている言葉

字数と語数

それでは、教科書の中に出てくる言葉は、どのくらいあるのでしょうか。文字数は数えればわかりますが、語数はなかなか数え方が難しいようです。

例えば、次の一文はいくつの語でできているでしょうか。

「今日は雨が降っていたので、私はバスできました」

ぱっと数えられた人はすばらしい語の感覚の持ち主です。普通は、順番に丁寧に区切ってみなければわかりません。

やってみましょう。

「今日」「は」「雨」「が」「降っ」「て」「い」「た」「の」「で」「私」「は」「バス」「で」「き」「まし」「た」と、17語になります。しかし、このように捉えない考え方もあります。

「の」という助詞と助動詞「だ」の活用という2語を接続助詞の「ので」と1語と考えるのです。つまり、日本語を単語に分けることは、大変難しいのです。

そこで、あまり、「語」という考え方は定着せず、「字」という考え方をしてきました。作文を書くときも、「何字程度」などと示されます。しかし、英語圏では、字ではなく語という考え方で捉えてきましたので、論文や作文も何語で書くという条件となります。文字文化の違いはおもしろいものです。

述べ語数と異なり語数

語という考え方の次は、述べ語数と異なり語数に迫ります。述べ語数は、先ほどの例でいえば、いくつの語でできているかということであり、17語ということになりました。しかし、短い文の中にも同じ単語が使われていることがあります。先ほどの文でいえば過去の助動詞「た」などです。同じ言葉は何回出てきても1回と数える数え方が「異なり語」です。つまり、異なり語数とは言葉の種類といえます。

教科書に出てくる言葉を考えるとき、特に異なり語数に注目します。どのくらいの量が出てきたかではなく、言葉の種類で考えていきます。

小学校1年生から高校1年生の必修科目までのすべての科目の教科書を調査したところ、述べ語数は500万語ありましたが、異なり語数は各教科によっておおよそ次のような数字が得られました。

国語…2万2000語
社会…2万6000語
数学…4200語

そして、高校修了までには約5万語となり、日本語母語話者の語彙数が4万5000くらいといわれていますから、その数に匹敵します。

国語は言葉の教科ですから、多いのは当然としても、社会はそれ以上にたくさんの種類の言葉を使っています。例えば、「元寇」という言葉は社会の教科書でしか目にしないような気がします。図書館に入れられている一般の書籍でも、日本十進分類法の2類「歴史」に多く出てくる言葉です。

教科書に出てくる言葉であり、歴史上重要な言葉ですから、「元寇」が何年にあったか忘れてしまったとしても、元の国が日本に攻めてきた、というような意味は覚えていることでしょう。ところが、言葉の問題として考えると、元の国が日本に攻めてきたことを、なぜ「元寇」というのでしょう。「寇」とはどういう意味をもっているのでしょう。

このような学習は、ほとんどなされていないのではないでしょうか。「寇」は、外部から内部に攻め入ってくることを表す漢字です。「元寇」や「倭寇」や「侵寇」などと使われます。しかし、「寇」の字を使った熟語がないために、熟語として記憶してしまって、漢字はないがしろにされてしまっています。もし、ここで漢字の概念や意味も一緒に学習していたら、教科用語として覚えるときにも記憶の連鎖が生じたことでしょう。

ちなみに、「元寇」は「尋常小学校読本　六」（１９０４）に以下のように書かれています。

元寇
今からむかし、六百年、
（中略）
元寇トイッテ、名高イノハ、コノコトヲイフノデアル

言葉は変化していきますが、教科書に載るのは各教科の考え方・概念と結びついて、変化しない大切な言葉です。

社会的に必要な語彙

教科書に出てくる言葉は、他にはどのような言葉があるでしょうか。国語の教科書はもちろんですが、すべての教科が国語（日本語）で学習されることを考えると、国語科だけに限らず広く見渡していく方がよさそうです。

小学校（前期）で出現する形容詞には次のような語があります。

青い　赤い　大きい　浅い　多い　温かい　高い　暑い　熱い　長い　甘い　強い

新しい　美しい　短い　忙しい　痛い　正しい

基本的な語だという印象をもちます。やはり、小学校のはじめのうちは、よく使われると思われる言葉が多く並びます。しかし、次のような言葉も出てきます。

弱々しい　けたたましい　真っ白い　見窄らしい　茶色い　めでたい　熱苦しい
紛らわしい　眠たい

「見窄らしい」という言葉は、あまりよい意味ではありませんが、物語の登場人物などを形容するときには、とても大切な言葉です。しかし、日常生活ではあまり使わないような気もします。

出現頻度と重要度

教科書には多くの言葉が出てきますが、それらを学習するときの優先順位はどのように考えればよいのでしょうか。

次の三つのグループは、どの順番で学習していけばよいでしょう。

Ａ　安住・安政・安息・安泰
Ｂ　赤海胆・赤樫・藜（あかざ）・赤錆
Ｃ　観念・幹部・完璧・金利・苦笑・検事

この三つのグループは頻度別になっています。

Ｃが一番頻度が高く、Ｂが最も頻度が低いグループです。このように考えると、Ｃは、新聞や雑誌、書籍など日常生活で多く見かける言葉である気がします。逆にＢは読めない漢字であったり、知っていても日常生活で使用することはほとんどない言葉であるといえます。

それでは、Ａはどうでしょう。これは、教科書の中には多く出てくるけれど、新聞・雑誌や日常会話ではあまり使わないように感じます。つまり、学校での学習をする際に必要な学校学習語彙といえるものです。

したがって、優先順位としては、頻度を一つの基準にすることができるでしょう。図書館の本を読んだり、新聞を読んだりするときに多く使われる言葉を知ることは、語彙の汎用性を高め、学習効率も上がります。反対に、ほとんど目にしない言葉を一生懸命に覚えることは、クイズを出し合うときなどには役立つかもしれませんが、優先順位としては低くなります。

どのような言葉を学習すればよいのかという明確な基準はありません。小学校では、学年別配当漢字として、各学年で学習する漢字は決められていますが、語句については決まっていません。

そこで、一つの基準として、頻度があげられます。もちろん、頻度だけではなく、広がりも大切ですし、教科独自の概念を説明するときに使われる言葉も大切です。そのような場合は、漢字と語句にも注意を払って、概念を説明すると、学習者の理解も進むのではないでしょうか。


一例をあげると、「虜」という言葉があります。これは、中学校1年の教科書に載っている『少年の日の思い出』に出てくる言葉です。

この言葉は、どのような性質をもっているのでしょう。

この言葉は、国語だけではなく、芸術の教科書にも出てきます。「19世紀に日本の『ジャポニズム』に西洋の画家たちが虜になった」というような文脈です。しかし、日本十進分類法で調べてみると、9の「文学」に多く出てきます。後に、「歴史」「社会科学」と続きます。

また、頻度については、真ん中あたりに分類されます。「私」や「食べる」という最高頻度ではなく、「山繭」「罵り」という最低頻度でもありません。つまり、学習しなければ出会わない言葉であるかもしれず、しかし、本や雑誌を読むときには重要な語句であり、この『少年の日の思い出』だけに限って使われる言葉でもないということです。そうすると、優先順位として、「虜」はしっかりと学習し、内容も理解していく必要があることがわかってきます。

しかし、このことは何度かこの教材を授業で扱ったことのある授業者であれば気づくことです。それは、読解をしていくと、どこで学習者がつまずくかということには敏感になり、そのことの経験的蓄積が、語句にも生きてくるからです。つまり、「虜」という言葉は『少年の日の思い出』という小説の中で大切な言葉であり、この言葉によって、登場人物がどのように蝶のことを思っているかということが鮮明に浮かび上がってくるからです。逆に言えば、この言葉をよくわからないまま通り過ぎてしまうと、蝶に対する情熱の一端を読みそこなってしまうといえるでしょう。

ベテランの先生ならばわかるけれど、はじめてその教材を扱う先生にはつまずきがわからない。これは致し方のないことですが、この経験的知見を補ってくれるものが、語彙表であり、頻度表ということになります。

学習者たちが今まで読んだ本の中に出てきただろうか、他の教科書にはどうだろうか、この先読む本、読んでほしい本の中に出てくる言葉だろうか、そのようなことを語彙表や頻度表は示してくれます。

第2章

大切な接続表現

接続表現の使用発達

小学校の教科書には、いろいろな接続表現が出てきます。ここで『接続表現』というのは、「接続詞」以外も含むからです。例えば、「なので」はどうでしょう。児童・生徒が書く作文や文章の中にはよく出てきます。直すのに苦労されている先生も多いのではないでしょうか。直すときに、「『なので』は話し言葉だから作文では使わない」と説明することがあります。そして、その代わりに「だから」などを使うように指示し、添削をします。

では、なぜ「なので」を使うようになってきたのでしょうか。なぜ「なので」を使わない方がよいのでしょうか。それは、言葉の変化によるものです。

『広辞苑』の第五版には「なので」という項目は立てられていません。ところが、第七版には「なので」〈接続〉として載っています。これは、接続表現のつくられ方の中に、「助動詞」＋「助詞」という成り立ちがあるためです。「だから」は、断定の助動詞「だ」に助詞の「から」がついたものです。同じように「なので」も「な」と「の」と「で」がついてできていますが、「な」は形容動詞の語尾です。「静かだ」という形容動詞の語尾が変化して、「静かな」人、となります。この「な」はもともと形容動詞の語尾ですから、「静かなので」という場合には、「なので」という1語にはなりません。ところが、「問題な日本語」や「大人な感じ」など、名詞の下に「な」をつけて表現されることが多くなった今日では、「な」は形容動詞の一部ではないように見えます。「名詞」+「な」です。そこで、「なので」も「だから」と同じように、接続詞として、同様に使われるようになってきました。そしてついには、辞書にも1語として載るようになったわけです。

それでは、なぜ「なので」は作文ではあまり使わないように指導するのでしょうか。

それは、この言葉が、以前はなかった、ということと、話し言葉だからという理由によるものです。

以前なかったという点について、「青空文庫」を検索してみても、そこに収録されている近代文学作品の中には、「なので」を文頭にもってきて、接続詞として使う用例がありません。

もちろん、文中に使用される場合には、次のような用例がみられます。

しかしここの年のはじめは何の晴れがましいこともなく、また族の女子たちは奥深く住んでいて、出入りすることがまれなので、賑わしいこともない。（森鴎外『山椒大夫』）

その仕合には、越中守綱利自身も、老職一同と共に臨んでいたが、余り甚太夫の槍が見事なので、さらに剣術の仕合をも所望した。（芥川龍之介『或敵打の話』）

このように、前の文章と後ろの文章をつなぐ役割を果たしています。そして、「なので」の前には、「まれだ」「見事だ」の語幹である「まれ」「見事」などの言葉がきますが、形容動詞の語幹は名詞に見えることがあります。そこで、「名詞」＋「なので」という一連の言い方が違和感なく使われるようになってきました。「もう中学生なので」などという言い方に違和感を覚える人は少ないと思います。しかし、それでもまだ、文頭に置かれることはありませんでした。

ところが、現在は、

友だちと出かけるよりも１人でいる方が気楽で落ち着くんです。なので携帯電話も電源切りっぱなしです。

などのように、「なので」だけ独立して文頭にもってきて使用する用例がみられるようになってきました。しかし、例文でもわかるように、「なので」が冒頭で使われる場合には、会話体で使用されています。このようなことから、現在の作文指導では、「なので」を使うよりは「だから」を使うように指導されています。

会話としての話し言葉の表現と作文としての書き言葉の表現の違いについては、別の章で詳しく述べますが、話し言葉をそのまま書き言葉で使うことには問題があります。

さて、このように接続詞を中心とした接続表現は、文章を書くうえでとても大切な役割を担っています。と同時に、どの接続詞を使うかによって、文章の質も決まってくるともいえます。

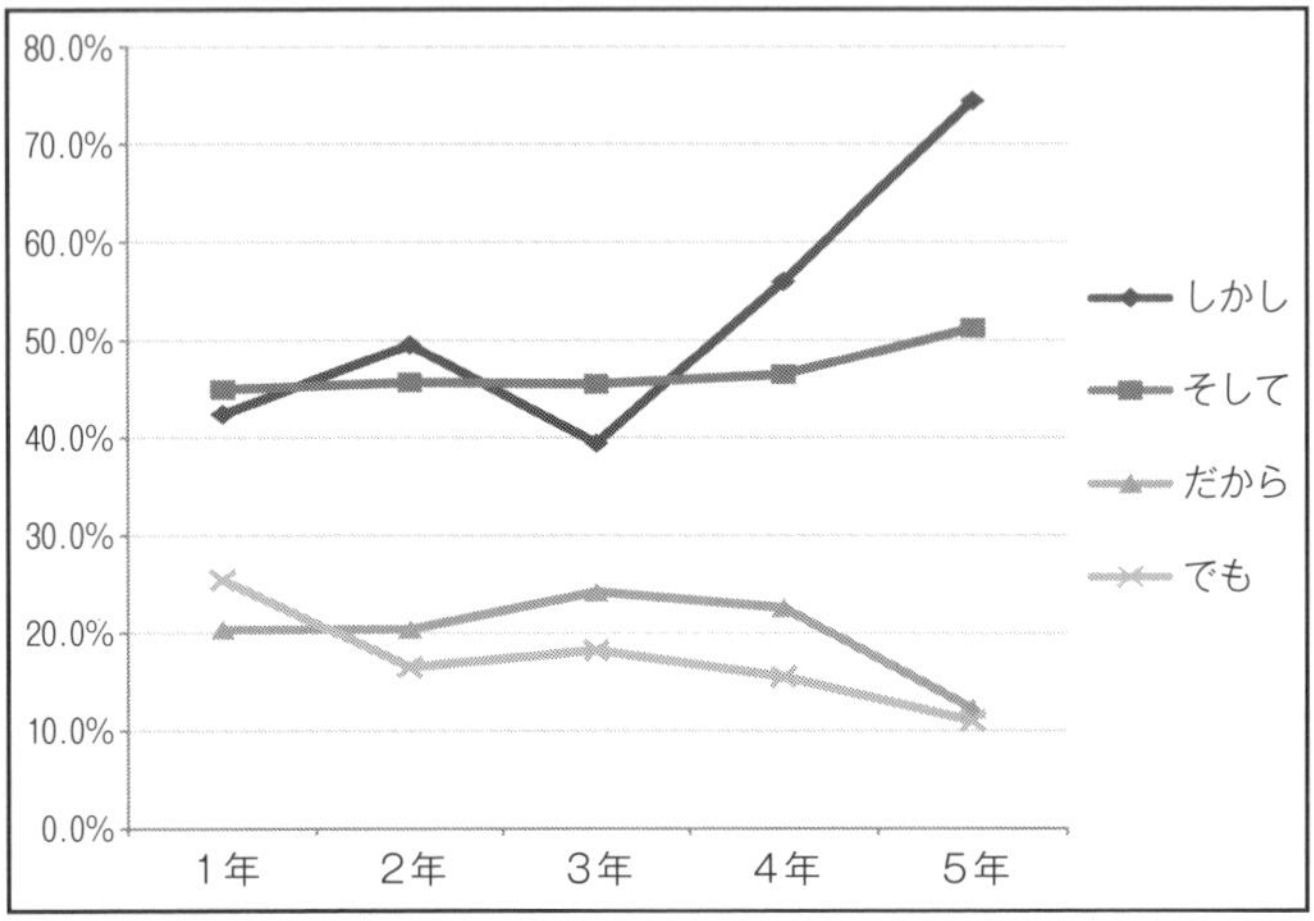

上のグラフを見てください。このグラフは、中学校1年生から高校2年生までの同じ課題で書いた作文にどのような接続表現が使われているかを示したものです。

学年が上がっても、接続詞の頻度が変わらない接続詞もあれば、明らかに変化している接続詞もあります。

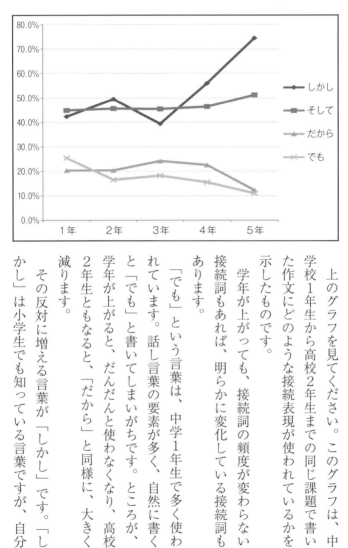

「でも」という言葉は、中学1年生で多く使われています。話し言葉の要素が多く、自然に書くと「でも」と書いてしまいがちです。ところが、学年が上がると、だんだんと使わなくなり、高校2年生ともなると、「だから」と同様に、大きく減ります。

その反対に増える言葉が「しかし」です。「しかし」は小学生でも知っている言葉ですが、自分

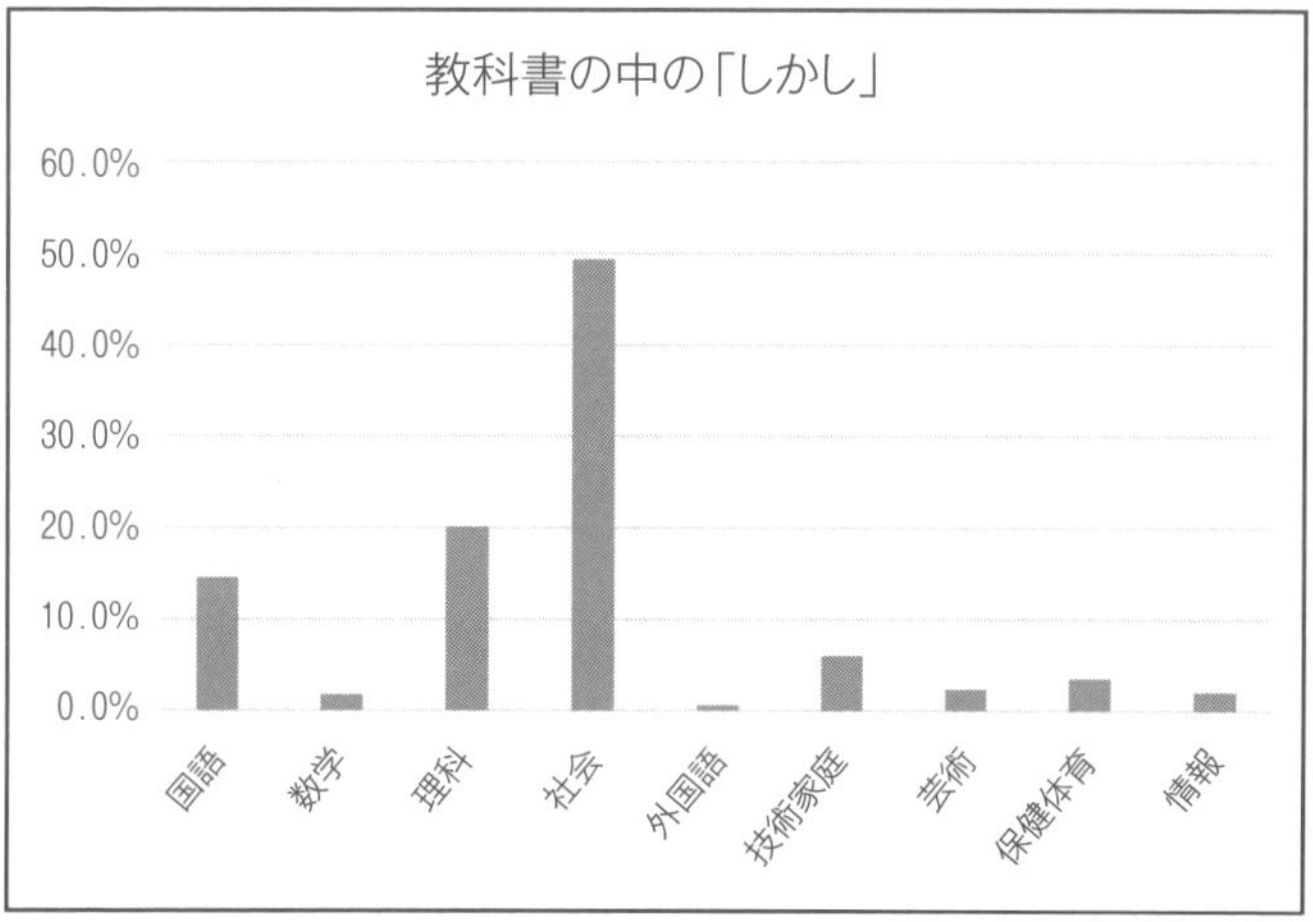

で作文の中に使おうとすると、なかなか使いにくい言葉のようです。

教科書の中には「しかし」は大変よく出てきます。小学校の低学年の教科書から出てきますが、それでも使えるようにはなりません。では、どのような教科の教科書によく出てくるのでしょうか。つい、国語と思いがちですが、一番多いのは社会科です。全体の半分が社会の教科書の中に出てきます。文例としては、

冷帯は、偏西風のふく温帯より高緯度にあるため、冬はきびしい寒さになります。しかし、夏に気温が上がり、降水量が豊富なところでは、針葉樹の森林が生育します。

帝国議会は、皇族・華族などからなる貴族院と、選挙で選ばれた議員からなる衆議院との二院制でした。しかし、衆議院議員の選挙権があたえられたのは、国税を多く納める満25歳以上の男子だけで、総人口の1・1％（45万人）にすぎませんでした。

など、地理や現代社会など幅広い分野に出現しています。

これは、「しかし」を使うためには、自分の意見と反対のことを想定しなければならないからです。もしくは、自分の意見を言うために、その意見につく条件を考えなければならないからです。それでも、自分の意見の方がよいというのはなかなか大変なことです。

このような作文を書くためには、訓練が必要です。「しかし」を意図的に使わせるような、作文課題を出してみるとよいでしょう。そうすることで、学習者は、「しかし」を使うということを目標にしながらも、実は反対意見を想定した思考訓練をしていることになるからです。「しかし」という逆説を適切に使えるようになるためには、単に言葉を使うということだけでなく、文章の構成まで考えなければならないのです。

語句を「与えられる」ということは、単に言葉を覚えるだけでなく、その言葉に含まれる概念や移行方法までも同時に獲得することになります。だから語彙指導は重要なのです。

渡辺雅子さんは、日本とアメリカの子どもたちの作文を比較して、説明の仕方の違いを調査しています[1]。それによると、四コマ漫画を説明するときに、日本の子どもたちは「時系列連鎖型」で説明し、アメリカの子どもたちは「遡及混合型」で説明していることがわかりました。「遡及混合型」とは、「一日の評価が述べられた後、出来事が時系列で述べられる」説明の仕方です。つまり、一日の評価として「ひどい一日だった。なぜなら…」と説明が続いてくパターンです。この型を「因果律」と呼んでいます。この日米の作文の言語的な違いは、アメリカの子どもの作文には、「なぜなら」などの因果を表す接続表現が多く用いられているということです。

逆に言えば、因果律を表す接続表現を示すことで、子どもたちは時系列から因果律へ思考を変化させていきます。このような機能語としての接続表現を語彙指導として位置づけることで、学習者の思考が活性化され、ものの見方や考え方に影響を及ぼしていくのです。

1　渡辺雅子（２００４）『納得の構造』東洋館出版社

「すなわち」の用法

他の接続表現も考えてみましょう。

「すなわち」は、数学の教科書に非常に多く見られる言葉で、次のような文例です。

1の目が出るのは6回に1回の程度であると考えられる。すなわち、くり返し何回もさいころを投げれば、1の目が出る割合は1／6である。

B5の紙に書かれたものをA4判に拡大してコピーするには、√2倍、すなわち141％にすればよいことがわかる。

これらの文例は数学の教科書に出てくることもあり、「すなわち」の前文脈と後文脈の関係はイコールで結ばれる言い換えです。つまり、非常に強い結びつきをもっているときに使われる言葉です。
また、この表現を多く用いている作家がいます。それは寺田寅彦です。寺田は明治期の物理学者ですが、夏目漱石と親交があったことでも知られ、漱石作品のモデルともいわれる人物です。そして、文人としても俳句や多くの随筆を残しています。その随筆は日常的な出来事などからスケールの大きな地球規模の話まで多岐にわたりますが、常に物理学者としての視線が感じられます。その寺田が書く随筆には、随所に「すなわち」が用いられています。一例をあげましょう。

それが死んだねずみであるか石塊であるかを弁別する事には少なくもその長さの十分一すなわち〇・五ミクロン程度の尺度で測られるような形態の異同を判断することが必要である（寺田寅彦『とんびと油揚』）

紛糾した可能性の岐路に立ったときに、取るべき道を誤らないためには前途を見透す内察と直観の力を持たなければならない。すなわちこの意味ではたしかに科学者は「あたま」がよくなくてはならないのである。（寺田寅彦『科学者とあたま』）

これと全く同一技法は終巻に近い酒場の場面でも使用されている。すなわち、一方にはある決心をしたアルベールと不安をかくしているポーラが踊っている。（寺田寅彦『映画雑感』）

このように、科学論文ではない文章においても、「すなわち」を使うことによって、前後の文の関係を正確に記述しようとする態度が見て取れます。同様に、科学者でありながら、多く一般向けエッセイを残している人に南方熊楠がいます。夏目漱石と同年に生まれた南方は、生物学者としては粘菌の研究で有名ですが、民俗学者としての側面もあり、『十二支考』などでは、その博覧強記ぶりを遺憾なく発揮しています。その南方も著作の中に「すなわち」をよく用いています。次の文章は『十二支考』の中の一節ですが、南方一流の推論を開陳する際にも、「すなわち」の前後は揺るぎのない言い換えを表現する語として使っています。

二月十六日の『大毎』紙に、綾部の大本に五六七殿というがあるそうで、五六七をミロクと訓ませあった。かつて故老より亀の甲は必ず十三片より成り、九と四と合せ

> ば十三故、鼈甲で作る櫛を九四といい始めたと承ったが、江戸で唐櫛屋を二十三屋と呼んだは十九四の三数を和すれば二十三となるからという。この格で五と六と七を合すと十八すなわち三と六の乗積ゆえ、弥勒の無差別世界を暗示せんため、弥勒の代りに十八、そのまた代りに五六七と書いたものでなかろうか。（南方熊楠『十二支考』）

> 三重県阿田和の村社、引作神社に、周囲二丈の大杉、また全国一という目通り周囲四丈三尺すなわち直径一丈三尺余の大樟あり。（南方熊楠『神社合祀に関する意見』）

「すなわち」という言葉は、当然夏目漱石なども使用しており、当時から一般的な用語としての位置づけにはありましたが、中でも正確に表現をする姿勢が表されている言葉でもありました。言い換えれば、雑駁な表現には使いにくい言葉です。中学生や高校生の作文の中であまり使われないのは、これが原因でしょう。

しかし、数学の教科書などで多く用いられているように、学習者が目にしない言葉ではありませんが、使用語彙になってはいない言葉です。このような言葉を使って文章を書くよう指導することで、自分の文章や、文と文の関係の正確さや厳密性を考える契機にもなります。
機能語とはもともとそのような性質をもつ言葉なのです。

「ただし」の用法

「すなわち」には、類義語がたくさんあります。つまり、わざわざ「すなわち」を使わなくても、文章を書くことができます。例えば、「言い換えれば」「つまり」「要するに」「したがって」などと言い換えることができます。中でも「つまり」は非常に頻度の高い言葉であり、教科書の頻度レベルでは、最も高い言葉の一つです。つまり、学習者もわざわざ「すなわち」という言葉を使うよりは、気軽に「つまり」を使ってしまうことがあるといえます。だからこそ、「すなわち」という厳密性を帯びた言葉で文章を縛ることにより、自分の文章に責任が出てくるといえます。

「ただし」や「あるいは」という接続表現は、これも数学や理科の分野で多く使われる言葉です。「ただし」は、あることを主張した後で、それが成立する条件を限定する場合に使います。国語の教科書にも登場しますが、主に説明文に使われます。

よく使われる例として、以下のような表現があります。

作成手順

1 ケースの大きさをはかり、ラベルの大きさをきめる。

2 完成品のスケッチをかく。

3 適切なソフトウェアを選択する。

文字が多いので、文書処理ソフトウェアを選択する。

ただし、縦書きと横書きの混在ができないソフトウェアでは、図形処理ソフトウェアを用いることもできる。さらに、図や写真を、著作権に配慮して取りこむこともできる。

4 スケッチを参考に、文字の入力や図を作成する。

このように、説明的文章では、中心となることを先に述べた後、それ以外の場合（例外）や述べた方法と異なる方法などを表すときに用いられます。

学習者が説明文や意見文を書くときに、「ただし」を使うことによって、自分の主張が一面的ではないことを示すことができます。「いろいろな観点で考えた結果、自分の考えに至ることができた。ただし、違う場合もあることや、当てはまらない場合もあることは心得ている」のように考え方を文章で書くとき、「わかって書いている」ということを示すことができます。また、字数制限などで文章の中に書き込めない場合でも、「ただし」を使って考えておくことで、自分の主張や説明の幅も広がり、裏づけも考えることになります。

もちろん、文学作品にも使われます。

ルロイ修道士は改めて両手の人さし指を交差させ、せわしく打ちつける。ただしあのころと違って、顔は笑っていた。（井上ひさし『握手』）

この表現などは、固い感じの言葉である「ただし」がとても効果的に使われています。過去の同じ動作であるにもかかわらず、「あのころ」とは違っている様子を引き出すために「ただし」が使われ、例外がいかに意味をもつものであるかを「ただし」が強調しているかのようです。

反対に太宰治などは「ただし」という表現をほとんど使っていません。次のような用例もありますが、登場人物のセリフの中に使うことで、その人物の性格づけに作用しています。

「ただ、あなたについて歩いていたら、いいの?」

「まあ、そうだ。ただし、条件が二つある。よその女のひとの前では一言も、ものを言ってくれるな。たのむぜ。笑ったり、うなずいたり、首を振ったり、まあ、せいぜいそれくらいのところにしていただく。もう一つは、ひとの前で、ものを食べない事。ぼくと二人きりになったら、そりゃ、いくら食べてもかまわないけど、ひとの前では、まずお茶一ぱいくらいのところにしてもらいたい。」（太宰治『グッド・バイ』）

第3章

いろいろな形容詞の用法

形容するものされるもの

私たちは、わからない言葉があると辞書を引きます。

辞書を引いても載っていない言葉は、最近できた言葉か流行語のような言葉でしょう。知りたいと思って探す言葉は大抵載っています。それもそのはず。辞書なのですから。

しかし、ちょっと待ってください。

辞書を引いて、言葉の意味を調べて、それを読むと本当にその言葉がわかったといえるのでしょうか。言葉がわかるということはどのようなことなのでしょう。

例をあげて考えてみましょう。

「厚かましい」の用法

「厚かましい」という形容詞があります。
この「厚かましい」という形容詞には、どのような言葉が後ろにくっつくでしょうか。
「厚かましい○○」の「○○」には何が入るでしょう。考えてみてください。
教科書には、「厚かましいお願い」と出てきますが、それだけでよいのでしょうか。
厚かましいの意味としては、辞書などには次のように書かれています。

恥を恥とも思わない。恥知らず。慎みがない。ずうずうしい。

例「厚かましい態度」「厚かましいお願い」

辞書を引いて、なるほどと思う人は、すでにその言葉のだいたいの意味を知っていて、
改めて定義づけされることによって、納得しています。

しかし、辞書を引いて本当にこの言葉がわかったのでしょうか。
そこで、「厚かましい」という言葉について、どんな言葉が後ろにくるかを調べてみると、以下のようなものがみられます。

厚かましい　お願い
厚かましい　こと
厚かましい　の（「ですが」など）
厚かましい　人
厚かましい　質問
厚かましい　態度
厚かましい　人間
厚かましい　男
厚かましい　話
厚かましい　女
厚かましい　性格

こう見ると、辞書の用例も比較的多く使われている言葉を掲載していることがわかります。

それでは、文学作品はどうでしょう。

近代の文学者がどのように「厚かましい」を使っているか見てみましょう。

中島敦の『山月記』は、はじめに出てきた、「厚かましいお願い」です。

君が南から帰ったら、己は既に死んだと彼等に告げて貰えないだろうか。決して今日のことだけは明かさないで欲しい。厚かましいお願だが、彼等の孤弱を憐れんで、今後とも道塗に飢凍することのないように計らって戴けるならば、自分にとって、恩倖、これに過ぎたるは莫い。（中島敦『山月記』）

他の作家たちには、次のような用例がみられます。

だいたいひとを馬鹿にしている。そんな下手くそな見えすいた演技を行っていながら、何かそれが天から与えられた妙な縁の如く、互いに首肯し合おうというのだから、厚かましいにも程があるというものだ。（太宰治『チャンス』）

そして厚かましく悪口を言う、疑深い奴に恥を掻かせて遣る。（森鷗外 訳『ファウスト』）

「リュマニテ」は「フォードのデマゴギー」という大きい見出しで、自動車王フォードの厚かましい声明を分析した。（宮本百合子『道標』）

文学者たちは少し違った用法で「厚かましい」を使用しています。

例えば、「厚かましい」を「声明」を修飾する言葉として使うことで、とてもよく状況が表されています。

いずれにしても「厚かましい」はよい文脈では使われないようです。

「かわいい」の用法

最近、「かわいい」という言葉をよく聞きます。

「かわいい」とは、多義語で、幼さや弱さに対して守ってあげたくなる気持ちや、外見やしぐさなどが愛情を感じさせる状態であったり、身の回りのものに対しても、小さなものなどに肯定的な気持ちが生じる様子を表すときに使ったりします。もともとは人や動物に対して使っていた言葉が、ものに対しても同様の心の動きを表すために使うようになってきたようです。

文学作品の中では「かわいい」は次のように使われています。

驚いて見ると、かわいい小猫が、どこから来たのか、少女の傍に来ていた。（堀辰雄『姨捨』）

いつしか自分というものを忘れてしまって、そのかわいい人形の顔や、姿に見とれてしまったのです。（小川未明『なくなった人形』）

小さなかわいい子供を見るとどんな時どんな場合でも、葉子は定子を思い出して、胸がしめつけられるようになって、すぐ涙ぐむのだった。（有島武郎『或る女』）

巨男は、白鳥と最後の頬ずりをして、「では、かわいい白鳥よ、さようなら、お前はもとの美しいお姫様に帰るのだよ……」といって、高い塔の上から身を投げました。（新美南吉『巨男の話』）

このように、かわいいとは、小ささや弱さに対して、自分の感情を寄り添わせること、それをいとおしく思うこと、このような状態に心が動いたときに使われる言葉でした。

ところが近年、

・かわいい帯の結び方や小物のアレンジの仕方

・かわいいホッチキスをハンドバッグに入れる
・1メートル四方のかわいい墓

というような使われ方をされるようになってきました。近代文学者もびっくりです。

しかし、これらの用例が「間違っている」とはいえないでしょう。確かに、今までにはなかった用例ですが、新しい組み合わせによって、新しい表現、そして新しい感覚が表されていきます。

とはいうものの、やはり教育現場・学校では「規範」を指導したくなるものであり、もともとの使い方を理解しているからこそ、新しさがわかるというものです。

ところが、どのような使い方が「正しい」のか、より規範的なのかがよくわからなくなってきているのが現代だともいえます。そこで、より多くの文例を参照することで、先人が積み重ねてきた言葉の感覚を自分のものとすることができます。そのうえで、自分の独創的な表現を模索してみるのはよいことかもしれません。

そこで、自分独自の表現ではなく、今まで積み重ねられてきた表現を考えるとき、私たちは自分自身の中の言語体系（個人言語体系）や自分の言語感覚（語感）をもちます。そして、この語感がどのように培われてきたかというと、それは大部分が対話と読書でしょう。なぜかというと、語感というものは、文脈によって培われるからです。

私たちは、日常使う言葉は辞書で引くことはあまりありません。よく耳にするようになった例としてあげた「かわいい」という言葉を辞書で引いた人はどれくらいいるでしょうか。よく使う言葉ほど、辞書を使う必要がないのです。なぜならば、よく使う言葉は、多くの文脈によって支えられているからです。

ある言葉は、その言葉が単独で使われることはなく、前後の文脈によって、意味が規定されていきます。会話の場合は、そのときの話されている状況なども重要な文脈の一つです。そうした状況の中では、一言二言よくわからない言葉があっても、だいたいの意味は理解することができます。そして、状況や文脈そのものから、わからなかった言葉の意味や使われ方を推測して理解していきます。これらを繰り返すことによって、よく使われる言葉というのは、辞書で調べなくても、私たちが何の問題もなく使用していくことができるようになっています。

それでは、「かわいい」はどうでしょう。

「かわいい」も、多用されることによって、その文脈で意味を理解されていきます。しかし、あまりに多く使われるため、文脈も多岐にわたり、もともと「かわいい」に含まれている意味や文脈が損なわれることになります。「広がる」と言い換えてもよいでしょう。そこで、もともとの意味をたどることで、「かわいい」の「正しい」意味に近づくわけです。しかし、これは辞書を調べても、なかなか自分の言葉としてしっくりきません。なぜでしょう。

それは、辞書の性質そのものが原因です。辞書は、意味としての定義は載っていますが、文脈が希薄です。用例はいくつか載っていますが、いずれも短く、そのニュアンスを伝えるまでには至りません。このような状況があるため、「語彙を増やすには本を読むことだ」という言説になるわけです。問題は、文脈です。

そこで、「かわいい」が使われている文章をいくつか見ていくと、前述の作家たちのような使用方法が見つかります。このような文章の中で私たちが出会ってきたからこそ、「かわいい」という語感やニュアンスが自分の中につくり上げられていくのです。

いろいろな形容詞の用法

もう少しほかの形容詞についても見てみましょう。

次の言葉の後にくる言葉はどんな言葉が入るでしょう。

よそよそしい（　　　　　）

あどけない（　　　　　）

歯がゆい（　　　　　）

現代では、次のページのような使い方が一般的ですが、ページをめくる前に、言葉を入れて、自分の語感を確かめてみましょう。

よそよそしい（　　態度　　）
あどけない（　　顔　　）
歯がゆい（　　思い　　）

文学者たちは、ある言葉について、独特の使い方をすることがあります。しかし、その作家の使い方が独特なものか、一般的なものかについては、なかなかわかりません。もし、作家特有の使い方であれば、一般的な使い方を学ぶ必要があります。しかし、どのような言い回しが一般的かは、感覚的にしかわかりませんでした。

ところが現在、日本語コーパスの出現により、「一般的」という感覚を、「頻度」に置き換えることで、きちんと示すことができます。

「よそよそしい」がつく場合、その頻度は次のようになっています。

よそよそしい　態度　12
よそよそしい　もの　5
よそよそしい　よう　3

よそよそしい　世界　2
よそよそしい　口調　2
よそよそしい　現代　2
よそよそしい　目　2
よそよそしい　表情　2

「あどけない」「歯がゆい」は、以下のようになっています。

あどけない　顔　23
あどけない　表情　11
あどけない　少女　7
あどけない　幼児　3
あどけない　声　2
あどけない　娘　2
あどけない　空　2

あどけない　童顔　2
あどけない　話　2

歯がゆい　思い　16
歯がゆい　もの　2
歯がゆい　の　1
歯がゆい　ほう　1
歯がゆい　意地　1
歯がゆい　日々　1

皆さんの言語感覚と比べてみてください。納得する人もいるでしょうし、いまいち腑に落ちない人もいるかもしれません。その一人ひとりが、どのような言語感覚をもっているかは、どのような文脈に出会ったかに左右されます。したがって、合っている間違っているということはありませんが、言語感覚が人それぞれ少しずつ異なっているということはいえるでしょう。

実際の文脈を確認すると、文学者たちは次のような使い方をしています。

あどけなく思っていた私の昔の恋人の、いまは何んと私の目には、一箇の、よそよそしい、偏屈な娘としてのみ映ることよ！（堀辰雄『麦藁帽子』）

これまでのような落ち着きを失い出したのを感じた。静かに、今のままのよそよそしい生活に堪えていようという気力がなくなったのではなく、（堀辰雄『菜穂子』）

「それあ構わないでしょう。」私の気のせいか、少しよそよそしい口調だった。「なにせ、お母さんがあんなにお悪いのですから。」（太宰治『故郷』）

鳥渡（ちょっと）、待っていて下さいね。お話したいことがあるのです」へんによそよそしい口調でそう言って鉛筆を取り直し、またスケッチにふけりはじめた。（太宰治『ダス・ゲマイネ』）

このように見てみると、太宰治の「よそよそしい口調」は比較的現代も使われる言い回しであり、「よそよそしい生活」などは、現代ではあまり使われない表現となっています。

最後に夏目漱石の有名な作品の冒頭部分をあげておきましょう。

私はその人の記憶を呼び起すごとに、すぐ「先生」といいたくなる。筆を執っても心持は同じ事である。よそよそしい頭文字などはとても使う気にならない。（夏目漱石『こころ』）

「よそよそしい」に含まれるイメージを十分に理解しつつ、「頭文字」を修飾するためにこの言葉をもってくることで、文の中に新鮮な風を吹き起こす。すばらしい表現ですね。

形容詞の語彙を広げる学習

それでは、このような形容詞の語彙を広げるには、どのような学習が効果的なのでしょうか。

先ほど、語彙を獲得するには文脈が大切であると述べました。

そこで、学習課題として、いろいろな形容詞の文脈を考えさせてみましょう。

考える形容詞は教科書に出てくるような形容詞でありつつ、「よい」や「暑い」などの多く使われる形容詞ではないほうが、学習者にとっての出会いの場としてふさわしいと思います。

具体的にいくつかの形容詞をあげましょう。

誇らしい　素晴らしい　おとなしい　すがすがしい
ふさわしい　堅苦しい　はしたない　待ち遠しい
心もとない　懐かしい　荒々しい　けだるい
あさましい　はかない　たくましい　おぼつかない
あさましい　ぎこちない　むつまじい　心憎い
口惜しい　瑞々しい　目覚ましい　根強い
目新しい

これらの中には、普段あまり使われることがない形容詞、つまり使用頻度が少ない形容詞、会話の中であまり出てこない形容詞が含まれています。こういった形容詞も使って、語感を磨いていきます。

まず、授業者が、これらの形容詞がどのような文脈や場面で使われているかを調べていきます。辞書で調べて意味を把握しただけでは文脈がわかりませんが、辞書で調べることで、先達の意味分類の仕方を学ぶことができます。とても、重要な観点です。

次に、自分でもいろいろな文章で使用している文例を探してきて、どのような意味に分類できるかを考えておきます。

学習者へは、「〇〇〇〇という形容詞が表す状況を考える」「〇〇〇〇という形容詞を使って少し長い例文をつくる」という二つの課題を提示します。これによって、学習者は、自分の中の言葉のストックを活用して、言葉が表す状況を考えます（言葉は、1人で一つ選ぶか、グループで一つ選ぶか決めます）。

そして、言葉が表す状況を、他の学習者に説明します。それぞれの言葉を交互に説明することで、全員が発表者になります。わかりにくい場合は、例文の中で該当の形容詞を空欄にして、そこに当てはまる言葉を考えてもらいます。

例えば、「清々しい」を取り上げたとします。使い方としては、朝の状況で使うことが多く、そのときのよい気持ちを表すことが多いようです。

清々しい　気分　20
清々しい　気持ち　14
清々しい　朝　13

清々しい　空気　9
清々しい　もの　8
清々しい　顔　8
清々しい　香り　7
清々しい　表情　5
清々しい　雰囲気　4

麓からこうやって一里ばかりも来たかと思うと、風も清々しい薬の香がして、何となく身に染むから、心願があって近頃から読み覚えたのを、誦えながら歩行いているんだ。（泉鏡花『薬草取』）

気がついた時は、陽はすでに斜に昇って、朝露に色を増した青い物の荷車が、清々しい香とともに江戸の市場へと後からあとから千住街道につづいていた。（林不忘『丹下左膳』）

やはり、作家はおもしろい使い方をしますね。おもしろいといっても、まったく使われていない使い方ではありません。

学習者の中にも、例文や状況を考えるときに、香りについて、「清々しい」を使う言い回しなどが出てくると大したものです。

第4章

国語のテストの成績と語彙

国語の学力テスト

母語としての言語能力はすべての知的活動に関連します。

２００８年公示の学習指導要領学校において、すべての教科で言語活動を設定していることや、小学校１・２年生の国語科の時間が週に９時間設定され国語学習に多くの時間が割かれていることなどは、このことの表れと捉えられます。

しかし、どのような言語能力がどのような知的活動に結びついているのかは、明らかになっていません。特に、文章作成過程において使われる能力や言語表現力が学習とどう結びついているかは不明瞭です。

そこで、ここでは、文章表現としての作文が、学力テストや作文の評価とどのような関連性があるのかについて、学習者の作文の形態素解析を通して明らかにします。特に、作文の具体的なテーマによらない接続表現に語彙分析の焦点を絞ります。そのことによって、学習者の論理的思考や文章構築能力とその学習成績への援用の度合いが分析・抽出できるからです。

接続表現に関して、私は中学校1年生から高校2年生までの共通課題による作文分析によって、作文発達の現象を示しました[1]。それによれば、学年進行で漢語の増加と和語の減少がみられるなど、発達段階によって語彙の属性変化がみられます。

さらに、2014年には、作文の中に出現する接続表現の中で「しかし」が発達段階と大きくかかわっていることを見つけ、なおかつ、「しかし」などの逆接表現が、文章を構成する際の論理と結びついていることなどを示しました[2]。しかし、接続表現と学年発達は示されているものの、学習成績などの他の学習者の能力との関係性については依然不明のままでした。

そこで、語彙力の諸相を捉えるために、接続表現を中心とした作文語彙と、学習成績、主に業者テストの国語の成績との関係性を分析することでこの問題を解決したいと思います。

1 鈴木一史(2011)「中等教育段階における使用語彙の変化」『国語教育研究』473、pp50―57
2 鈴木一史(2014)「作文の中の接続表現」『解釈』678、pp54―61

共通課題による作文調査と解析結果概要

２０１７年に、茨城県内の三つの中学校において、学習者に同一テーマで作文を書かせる課題を設定しました。実施時期は２０１７年6月です。テーマは「わたしたちの平和」という作文です。

この作文コンクールは茨城県全体で毎年行われており、そのコンクールに出品する目的で、各学校が毎年全員に書かせている課題作文で[3]、3校の作文を収集しました。

その作文を形態素解析し、「述べ語数」「一人当たりの語数」「一文の長さ」「一文の文節数」「異なり語数」「自立語トークン比」「接続語数」「言語レベル」「教科書初出時期」などを解析します。

その後、一人ひとりの国語の学力テストの点数と照合させ、学習者の国語の学力テストの点数と作文の文章の関連性を分析します。学力テストは同じく6月に実施された業者テストです。

次に、成績ごとに、それぞれほぼ均等な人数になるように上位層、中位層、下位層と3段階に分割します。上位層と下位層について、上記形態素解析の結果の差異を比較して分析することで、学習成績と語彙との関係性を導き出します。

次に、1回目の作文を書かせた後、接続表現に関する授業を行い、そのあとで自分の作文を推敲して、もう一度同じ作文を書かせました。接続表現に関する授業は、3校とも共通の授業です。授業は２０１８年1月に行われました。第2回作文は２０１８年2月に「自分の書いた第1回作文を推敲する」という課題として出されました。この第1回の作文と第2回の作文を比較することにより、接続表現に関する授業がどのように機能し、作文の添削に寄与しているかについて考えていきます。

分析機器は、形態素解析として「web 茶まめ」[4]、データ処理として「Microsoft access」「Microsoft excel」、テキスト解析として「IBM SPSS Text Analytics for Surveys」、相関抽出として「IBM SPSS　statistics ver.23」を使用しました。

作文を書いた生徒は、A中学校の1年生から3年生のすべての生徒、B中学校の1年生から3年生までのすべての生徒、C中学校の3年生のすべての生徒です。

学力テストの結果は、すべて6月に実施された業者テストのものですが、A中学校とB中学校は同じ校外テストの国語の点数で100点満点（A中学校は学校の事情により10点満点換算）、C中学校は同様の業者実力テストにおける「条件作文」問題10点満点の得点です。これらの異質な中学と調査項目によって、多様な比較が可能となりました。3校の調査人数と平均得点は次ページの通りです。語彙レベルと初出学年については、「現代日本語書き言葉均衡コーパス」（BCCWJ）の言語政策班作成の語彙表[5]を用いて、リレーションョン分析を行いました。

B、C中学校の上位と下位の平均点の差はほぼ倍です。このことから、上位層と下位層には明らかな国語的学力差異が認められます。これは一人当たりの語数に換算するとより明確です。B中学校では上位層と下位層に1人当たり約70語の差が生じており、文章量として差異が生じていることがわかります。課題作文の条件として600字程度と課しているので、絶対的文字量が文章作成能力、ひいては国語の学力と関連していることが読み取れます。

	B 中学校		C中学校		A中学校	
	上位	下位	上位	下位	上位	下位
人数	112	123	56	51	148	127
平均点	80.2	42.2	8.5	3.9	9	6.1
述べ語数	38068	32920	21112	18062	57531	48313
一人当たりの語数	339.9	267.6	377	354.2	388.722973	380.4173228
述べ自立語	16798	14479	9314	7899	25848	21585
一文の長さ	22.0	24.4	22.1	22.3	23.0	24.1
一文の文節数	9.7	10.7	9.8	9.8	10.4	10.8
異なり語数	2272	2561	1418	1355	2741	2525
異なり自立語	2070	2312	1278	1213	2538	2324
自立語トークン比	12.3%	16.0%	13.7%	15.4%	9.8%	10.8%
和語数	27668	24251	10409	13074	41171	34788
自立語和語	11712	10130	6578	5446	17475	14509
漢語数	4707	3874	2537	2269	7804	6603
接続語数	181	95	113	69	267	216
文章当たりの接続詞	10.4%	7.0%	11.8%	8.5%	10.7%	10.8%
名詞数	47.8%	46.1%	45.0%	46.2%	12181	10372
形容詞数	6.9%	7.8%	8.6%	7.9%	1912	1531
レベルa	57.1%	56.9%	55.1%	57.1%	57.8%	57.6%
レベルb	10.0%	10.0%	9.4%	10.1%	9.6%	9.5%
レベルc	15.2%	15.4%	14.4%	15.1%	15.0%	15.1%
レベルd	10.5%	10.4%	14.3%	10.4%	10.5%	10.5%
レベルe	7.2%	7.3%	6.8%	7.3%	7.1%	7.3%
小学校前期	53.6%	54.2%	53.9%	53.4%	53.8%	61.5%
小学校後期	12.3%	11.5%	11.7%	12.3%	12.7%	13.6%
中学校	21.1%	21.2%	21.9%	21.7%	20.6%	23.3%
高校	13.0%	13.1%	12.5%	12.5%	13.0%	1.6%

3 水戸市平成29年度「わたしたちの平和」作文コンクール
http://www.city.mito.lg.jp/001373/heiwa/sakubun/p008601111.html

4 http://unidic.ninjal.ac.jp/chamame/

5 田中牧郎他（２０１１）「言語政策に役立つ、コーパスを用いた語彙表・漢字表等の作成と活用」『特定領域研究「日本語コーパス」言語政策班報告書（JC-P-10-01）』

上位層と下位層の差

まず、一文の長さについて、3校とも上位の方が短くなっています。一般的に、どの程度の長さで文章を書いているかについては、明確な研究データがありませんが、前述の中等教育学校の作文においては、23語前後で推移しています。このことを踏まえると、中学校課程での作文は23語程度に落ち着くと考えられます。

問題は、3校とも上位層の方が一文が短いということです。一文で言いたいことを端的に表す力は、学校教育や作文教育の中でも求められる力ですが、それが上位層は身についていることを表しているかもしれません。後で述べますが、第1回と第2回の一文の長さを比べると、第2回の方が短くなっていて、このことからも推敲によって文章がよりまとまって簡潔になってきたことが読み取れます。また、冗長な文章から端的簡潔な文章へと移行していることがわかります。そして、このことは、国語学習能力とも結びついています。

次に、トークン比ですが、これは下位層の方がトークン比が大きくなっています。通常タイプ・トークン比は値の大きい方が語彙が豊富であると考えられますが[6]、作文結果からは、３校とも上位が小さく、下位が大きい結果です。そのまま判断すると、下位層の方が語彙が豊富であると判断されます。しかし、この判断は、経験的知見と相違します。

ここに、学校教育における課題作文の特殊な傾向がうかがえます。「平和作文」は毎年行われている作文コンクールであり、多くの学校が宿題などで学習者全員に書くことを課しているテーマであり、学習者は毎年同じような課題を書き続けてきたことになります。

そこで考えられる上位層と下位層の差ですが、上位層は「平和」ということに関して、ある一定の作文作法と内容を獲得してきている、ということが考えられます。逆に、下位層はその時々で思いついたことを思いつくままに述べるために、一見すると語彙が豊富なように見える数値になってしまうのです。つまり、あるテーマについて作文を書くときに、上位層はどのような言葉づかいで、どのような方向で書けばよいのかを習得している、と考えられます。

このことは、学校間のトークン比にも表れています。Ｂ中学校とＣ中学校は上位同士と下位同士に共通の傾向をもちます。ところが、Ａ中学校だけは、下位のトークン比が大きいことは共通していますが、上位も下位も他の2校と比べて明らかに低くなっています。A中学校は学習者が試験を経て入学してきたことなどを踏まえると、A中学校の学習成績の総体は他の2校より上位にあると考えられます。すると、やはり上位層の方がトークン比が少なくなる結果となります。このことからも、上位層は、テーマに従った一定の語彙傾向を獲得していると捉えられるのです。

次に、漢語の使用率ですが、これも3校とも同様の傾向を示し、上位層の方が漢語の使用率が大きくなっています。漢語の使用率は、中学1年から高校2年までにおいて直線的に増加していくことが前述の私の研究結果で示されていますが、このことは学年進行だけではなく、学習成績に相関して増加していくことが示されました。つまり、学年進行で見られた傾向は、学習者の国語の能力の伸長によった数値変化であると考えられるのです。

また、品詞としての接続詞の頻度について、2校とも上位層の方が使用頻度が高く、A中学校はほぼ同数であり、かつ、A中学校の下位層はB中学校の上位層よりも数字が高くなっています。これは、接続表現が文章を構築していくうえで、重要な用語となっているということです。これらの接続詞を詳しくみていくことで、学習者の国語の得点と語彙との関係性が導き出せると考えられます。なぜなら、特定のテーマに沿った作文は、特定の語彙が頻出する傾向がありますが、接続表現などの機能語彙・論理語彙については、テーマによらない分析が可能だからです。

最後に、語彙レベルと初出学年についてですが、これは３校とも上位層と下位層に大きな変化がありません。これはやはり、「平和」という特定のテーマに沿った作文において、言語レベル面での差異は生じないことが示されています。また、このことも含めて３校とも同様の傾向を示している項目が多いことについては、この学力テストとの関連性が一般的な傾向をもっているということです。

６　金明哲（２００９）『テキストデータの統計科学入門』岩波書店、pp54―57

接続表現との関連性

接続表現が発達とかかわっていることは前出の通りですが、成績との関係について、上位下位の学習者にどのような割合で出現しているのかを考えていきます。

割合とは、ターゲットとする語彙について、全体を１００としたときの出現割合です。したがって、成績に均等に出現したとすれば、おおよそ30％で推移するはずです。また、国語の得点と関係する表現については、作文教育の一つの指標となることが示唆されます。反対に、学習と相関関係がない表現については、作文教育の中で取り立てて指導する意義について再考する必要があるでしょう。

次に、具体的に３校の接続表現と学習得点の結果を見ていきます。

B中学校の作文解析

次ページの表とグラフがB中学校における作文の中で使われている接続表現を中心とし

	上位	下位
さらに	44.44	22.22
考える	43.75	26.25
しかし	42.71	32.29
そして	37.74	34.91
例えば	36.73	34.69
まず・一番・次に・初めて	35.11	35.11
思う	34.29	33.14
なぜなら	34.14	32.14
でも・だけど	30.11	37.63
もし	23.44	42.19

成績上位・下位ごとの接続表現の出現割合（表）

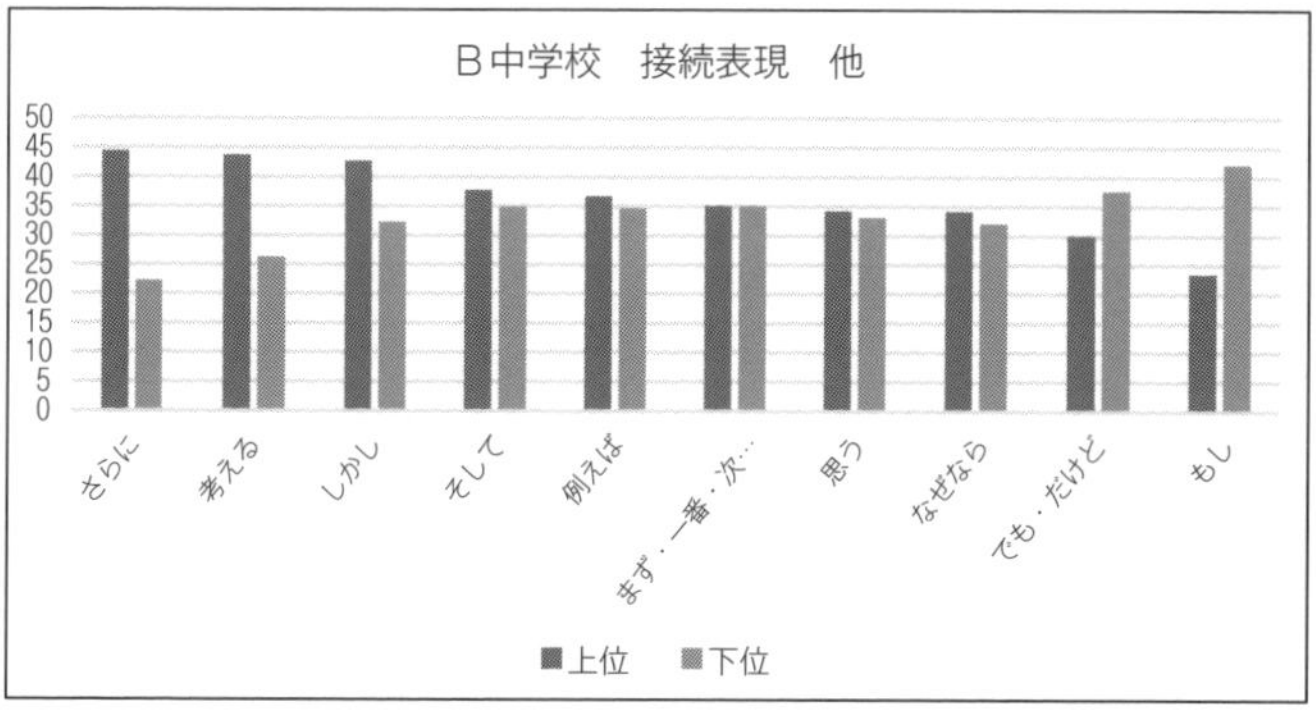

成績上位・下位ごとの接続表現の出現割合（グラフ）

て、上位層で使用頻度が高い語彙から順に並べた分析結果です。

①上位層に「しかし」の高頻度

このことは、先行研究からも明らかになってきている通り、「しかし」は文章作成において重要な役割を示しています。特に、今回の調査で国語の得点と関係性があったことが示されたことは、「しかし」が言葉で物事を考えていくうえでも、重要な役割を果たしていることが示されました。

②下位層に口語表現使用が多い

「考える」が上位層に多く、「思う」は上位層も下位層も同等、「でも、だけど」の使用頻度は下位層が高くなっていることから、上位層は文章語をきちんと使いこなしている一方、下位層は話し言葉による表現（口語表現）を多用している傾向がみられます。このことが学習と関係しているということは、言語運用能力において、日常語とは別の文章語を使えるようになっているかどうかが学習と関連していると考えられます。つまり、母語として日常会話を使うことができることと、訓練の結果として文章語を使用できることの間には明確な差があり、その差は訓練としての学習成果とも関連しているということです。

③序列用語の無差異

「まず・一番・次に・初めて」という序列を表す用語については、小学校のときから学習を積んできています。教科書教材にも、「一つめは・二つめは」「最初に・次に」等の順序を表す言葉が学習材として取り上げられています。しかし、本分析結果からは、この序列を表す言葉と、国語の得点とはまったく関係性が見つけられません。つまり、国語の得点の差異によって序列化語彙に差が生じないということです。

A中学校の作文解析

次に、A中学校の語彙分析です。

次ページの表とグラフは、A中学校における同様の作文の分析結果です。

①上位層に「しかし」の高頻度

B中学校と同様に、「しかし」に関しては、下位層と比較して上位層に使用頻度が高い

	上位	下位
すると	47.06	11.76
もし	46.43	26.79
さらに	44.74	18.42
しかし	36.97	23.7
そして	33.94	27.88
たとえば	30.77	15.38
でも	30	36.67
だから	28.91	30.47
なぜなら	28.57	39.29
一番・次に	25.76	28.79

成績上位・下位ごとの接続表現の出現割合（表）

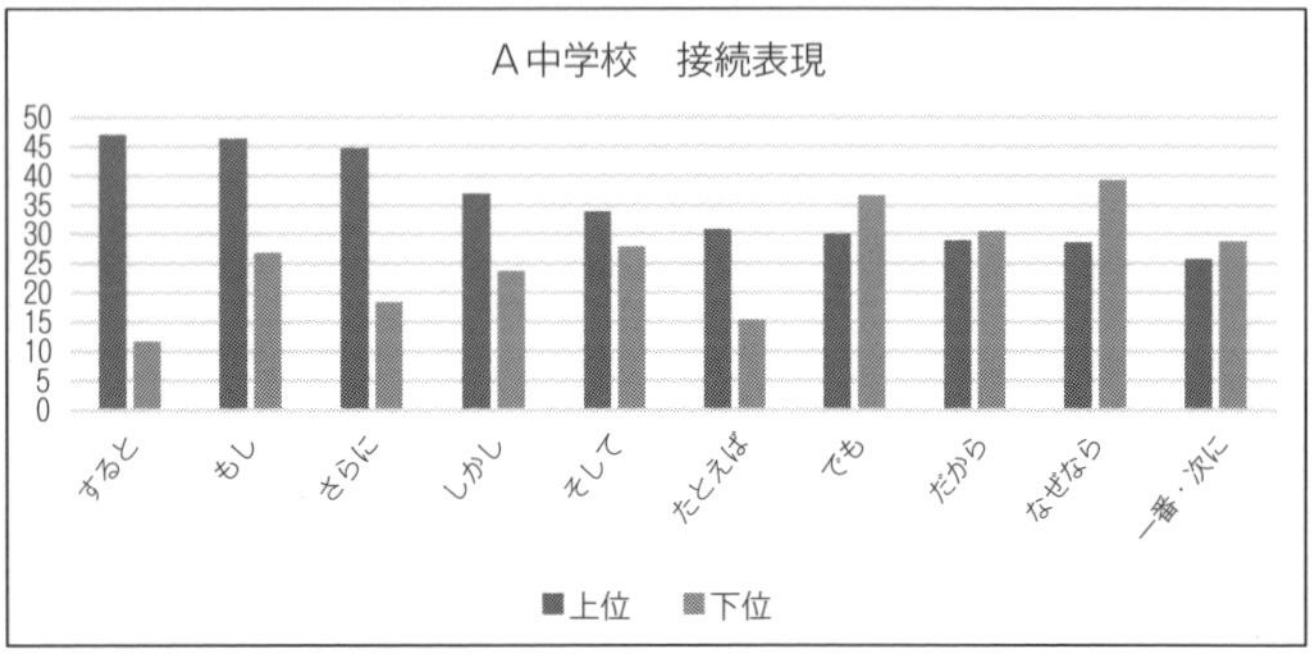

成績上位・下位ごとの接続表現の出現割合（グラフ）

という傾向がみられます。

「しかし」という言葉の性質上、自分の主張や考えを示すときに、他者の考えを事前に示し、それでもなお自分の考えが優位であるという文章構成を示していると考えられます。具体的な文例として以下のような記述がみられました。

ぼくは東日本大震災を思い出し、おそろしかった。しばらくして祖父母と連絡がとれ、住宅に被害もなく、けがもないと聞き、安心した。しかし、実際降り立った熊本空港は一番被害の大きかった益城町にあり、トイレもベニヤ板で補強され、壁にも大きなひびが入っていた。家々はつぶれてがれきの山のままであり、熊本城も無残な姿になっていた。東日本大震災でも熊本地震でもたくさんの人々が犠牲になった。

この記述では、「しかし」の前の安心感と、「しかし」の後の悲惨な状況が見事に対比されて描かれています。前の何もない状況という説明があるからこそ、後段が引き立つ構成です。このように、文章構成とその効果がきちんと考えられている場合に「しかし」の使用が生きてきます。「しかし」を使ってこのような構成を考えられるということは、言語導は重要です。

論理の力がついているということであり、この力をつけるためにも「しかし」の活用と指

②序列用語の無差異

A中学校においても、序列を表す用語に関しては、上位層と下位層でほとんど差異がありません。学校差を超えて差異がないということは、やはり序列用語については、「しかし」などのように論理的思考や文章構成などに影響していないと考えられます。

③上位層の「すると」「もし」の使用

A中学校では「すると」と「もし」の使用割合が、上位層で特に高くなっています。また「さらに」という語も上位層と下位層で差があることに鑑みるに、添加の論理が国語の得点に関連していると考えられます。自分の論理を次々に推し進めていき、根拠などを多く示すことで説得力を高める提示の仕方です。

「もし」についても、上位層の使用例をみてみましょう。

もし、人が感情をもっていなかったら、もめることもないし、戦争が起こることも無いと思います。それが一番平和？　と考える人もいるかもしれませんが、たくさんの感情をもっているから、生活が楽しくなっていくと思うし、当たり前のように暮らしていけるのではないかと考えました。

ここには、「もし、…だったら、…なのに、（実際は）…でないから、…でない」という反実仮想の用法ともいえる使い方が示されています。このような使い方は大変高度であり、かつ説得力を増す有効な表現技法です。このような使い方をする「もし」が上位層で多く見られるのは、文章構成や表現効果の能力と国語の学力に大きく関係していることが示唆されます。

④下位層に口語表現使用が多い

「しかし」という逆接続詞と同義的使用となる「でも」については、下位層で使用頻度が高くなっています。これは、Ｂ中学校でも見られたように、下位層は、文章表現においても口語表現を多用し、文章語で文章を構築していくことができにくいことを示しています。文章を書くことがまだ会話の延長線上にあるともいえます。このことは、読解にも影響し、文章として文字で書かれた言語を読み取ることにおいて、口語的表現を理解することの域を出ず、評論や論説文を読む際の妨げになっていると考えられます。そのために国語学力の得点と関連性が高く生じます。

C中学校の作文解析

C中学校は3年生のみの調査であり、なおかつテスト結果の得点も学力テストの中の条件作文10点分の得点における上位・下位です。したがって、A中学校、B中学校と異なって、作文そのものの作成能力における接続表現の表れと関係性ということになります。

①上位層に「しかし」の高頻度

C中学校においても、「しかし」の頻度は上位層に明らかに多くみられます。「しかし」の語彙特性については前述の通りですが、このことは直接、条件作文の成績そのものにも影響していることが示されました。

	上位	下位
もちろん	80	18.18
そして	44.9	30.61
もし・もしかしたら	44.44	22.22
しかし	41.79	31.34
一番・次に	41.38	17.24
だから	40	20
たとえば	33.33	33.33
でも・ですが・だけど	30	43.33
なぜなら	29.03	35.48

成績上位・下位ごとの接続表現の出現割合（表）

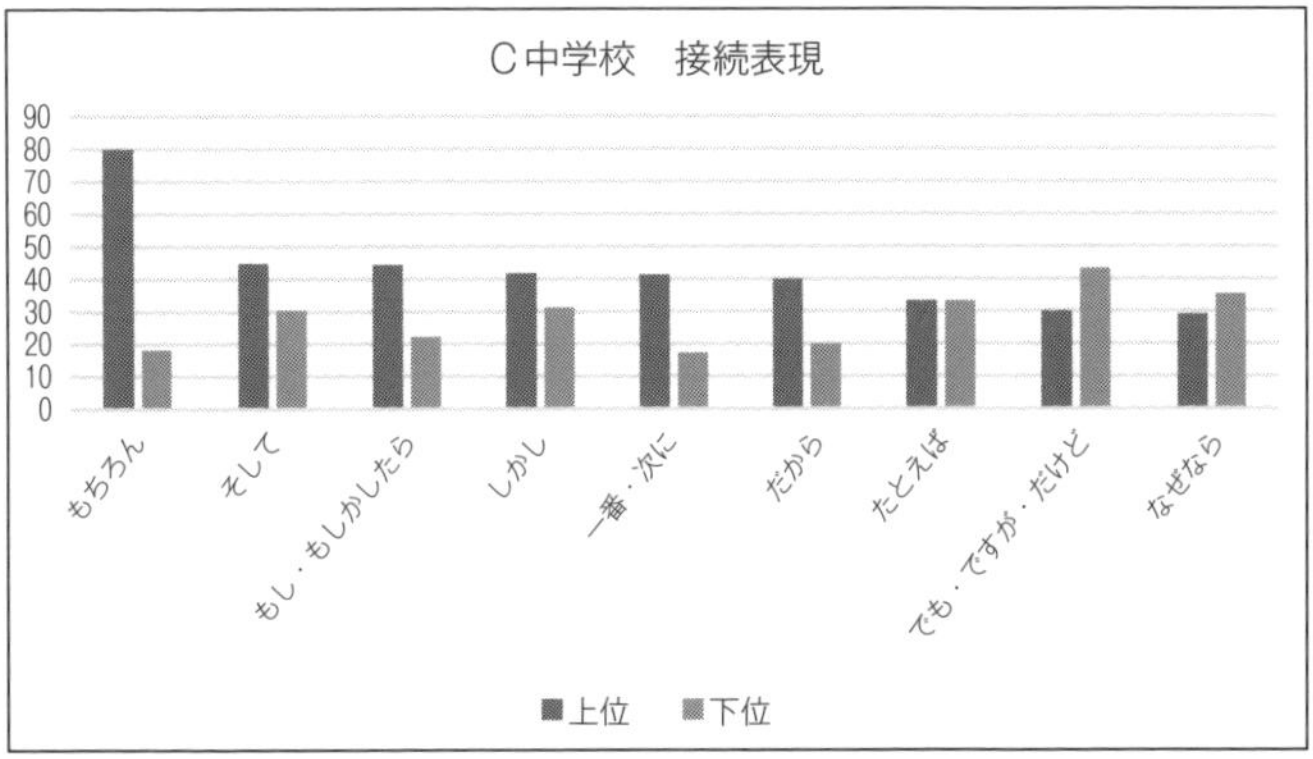

成績上位・下位ごとの接続表現の出現割合（グラフ）

②序列用語の優位性

序列用語である「一番・次に」などが上位層に多くみられ、これは他の2校と異なった結果です。このことは、テストの得点の出し方と関係していると考えられます。つまり、C中学校だけ条件作文の10点満点の得点なので、国語学力というよりは、条件作文のような短作文において順序性は有効に働くと考えられるということです。

③「もちろん」の特異性

上位層において「もちろん」の数値が飛び抜けて高くなっています。これは、中学3年生に対する学習指導と条件作文の作文成績に関連した結果であると考えられます。「もちろん」の後には定型が示されます。

具体的な記述をみてみると、以下のように使用されています。

もちろん、戦争がないから平和で、戦争があるから平和ではないと言い切ることはできない。けれど、…

もちろん、子供同士のケンカではありませんから、簡単でないこともわかっています。でも、…

つまり、「もちろん…であるが、…である。しかし、…」というように、一度反対意見に相当する考えを受け入れつつも、自分が言いたいことはその逆であることを示す文型です。これは、短い作文においては、説得的に書くために有効な方法です。「確かに…、しかし、…」という文型と同様に、自分の主張を示すだけでなく、反対意見を想定することができます。そういう意味では、「しかし」の使用と連動して酷似しています。

作文推敲の変化

ここまでの分析では、第1回作文と学力テストとの関係を分析してきましたが、ここからは、第1回作文と第2回作文との差異を検証します。

第2回作文は、2018年1月に接続表現に関する授業を経た後、第1回目の自分の作文を推敲する課題として行われ、2018年2月に書かれたものです。1月に行われた授業は、3校とも同様の授業です[7]。

この作文推敲の結果と、学力テストの上位下位との比較結果を比べることで、文章作成能力の諸相が見えてきます。なぜならば、第1回と第2回の間に授業を行い、半年後に同じ作文を推敲して書き直したということは、第2回の作文の方がよりよくなっていると考えられるからです。

また、得点の高い学習者の方が作文もよりよいものであると仮定できます。この両者に同様の傾向がみられる場合、その傾向は文章作成能力が高いことが示されたといえるでしょう。

文章作成能力の指標はいくつか想定されますが、少なくとも語彙の観点での諸相が明確になることは間違いありません。左の表は、第1回と第2回作文の比較です。母集団はほぼ同一です[8]。

	３校比較	
	第１回	第２回
人数	1296	1201
述べ語数	442323	416582
一人当たりの語数	341.3	346.9
述べ自立語	196188	185250
句点の数	19422	19240
一文の長さ	22.8	21.7
一文の文節数	10.1	9.6
異なり語数	6564	6078
異なり自立語	6129	5697
自立語トークン比	3.1%	3.1%
和語数	319770	296420
自立語和語	30.5%	30.2%
漢語数	28.9%	30.0%
接続語数	1.0%	1.3%
文章当たりの接続詞	10.1%	12.4%
名詞数	46.8%	47.1%
形容詞数	7.6%	7.7%
レベルa	57.3%	57.6%
レベルb	9.8%	9.7%
レベルc	15.0%	14.7%
レベルd	10.6%	10.8%
レベルe	7.3%	7.2%
小学校前期	54.1%	53.3%
小学校後期	11.9%	12.6%
中学校	21.1%	21.4%
高校	12.9%	12.7%

①一文の長さが短くなっている

第1回作文では一文の語数の平均が22・8語だったのに対して、第2回は21・7語と約一語短くなっています。同じ文章を推敲した結果、平均で一語短くなっているということは、短く簡潔にまとめる力がついたということであり、自分の文章を直す際に、よりよく構成する能力がついているといえます。このことは、上位層の方が一文の長さが短かったことと呼応して、文章を簡潔に書くことが国語の能力として確定できます。

②接続詞の量が増えている

第1回の文章当たりの接続詞の割合が10%程度だったのに対して、第2回は12・4%と増加しています。接続詞の授業をした後の推敲としては当然ではありますが、上位層が接続詞の割合が高いことをあわせて考えると、単に接続詞を多く使ったというよりは、文章の構成が適確にできてきているといえます。文同士の関係や段落同士の関係を考えながら文章を書き進められているのです。また、このことは、文章の長さとも関連し、だらだらと冗漫に文章を書くのではなく、一文に言いたいことをまとめ、文と文の関係を示しつなげていくという作成の仕方を獲得していると考えられます。

③漢語使用割合が増えている

漢語の使用が増えていることは、接続表現の授業とは直接的には関係がないかもしれませんが、上位層が多く漢語を使用していることを考えると、第1回と第2回の間に学習者の言語能力、抽象的概念の向上が図られているといえます。

④語彙レベル・初出学年は変化なし

語彙レベルと初出学年に変化はみられません。もともと上位層と下位層の間でも差異がみられなかった項目ですが、第1回と第2回の間でも差異がみられず、これらの語彙属性については、学力や語彙力とは別の観点で考えるべき問題であることがわかりました。

学習者の作成した文章にどのような語彙が使われているかについての研究は、日本においても個人研究、組織的研究とも進められてきています。

しかし、近年の日本語の形態素解析の精度が向上するにつれて、教育の分野における研究も精度の高い研究がなされるようになってきました。特に、BCCWJの構築は大きな影響をもたらしています。この言語学的分析を教育的成果につなげるためには、学習者の学習能力や指標との関係性が必要です。

本章で紹介した研究では、国語の実力テストとの関連性における接続表現を中心とした語彙分析を行いました。その結果として、学年進行で向上する語彙だけでなく、国語の成績全体に関連する語彙を抽出することができました。

また、この研究はまだ接続表現にとどまっていますが、学力との関連性を論理語彙等、作文テーマによらない語彙について分析することで、書かれた文章がどのような能力と関連性をもっているのかを明らかにすると同時に、作文の客観的な能力の指標をつくることが可能になります。ひいては、個人の語彙体系によって、様々な能力の一端を測定し、反対に、語彙を獲得し豊かにすることで、他の学力や生活を豊かにする一助となるのではないかと考えています。そのような言葉を見つけることが、教育的課題であるといえます。

7 授業内容は、接続表現を適切に使った数種類の600字程度の作文を授業者たちが作成し、接続表現を効果的に使うことで文章が明確になったり、わかりやすくなったりすることを示した。

8 「ほぼ同一」という意味は、課題を提出する際に欠席者がいたり、未提出者がいる場合があり、各学校で十人程度の揺らぎが生じている。

第5章 作文と語彙

作文コンクール入賞作品

茨城県には、全県をあげた作文コンクール「小平記念作文」があります。２０１６年度で45回を数え、２０１７年度からは「大好き　いばらき　県民会議」と共催で「大好きいばらき　作文コンクール」として実施しています。応募総数の多い、規模の大きなコンクールです。この小平記念作文コンクールを対象として作文解析を行い、その結果を「現代日本語書き言葉均衡コーパス」（BCCWJ）と対照させることで、特徴が明らかになりました。また、コンクール作文と学校の日常作文とを比較し、その差異を考えます。

まず、この作文コンクールの中学生の部の入賞作品について、２００６年度から２０１３年度までの8回に入賞した作品にどのような傾向があるのかを探ります。

応募総数は次ページの通りです。作文コンクールへの応募学校数が２０１３年度で１１８校、茨城県の全学校数のおおよそ半数が応募していることになります。一方、応募総数

回数	年度	応募 学校数	応募総数 （中学）	入賞 作品数	入選 作品数	入賞率
第35回	平成18年	108	2589	15	43	0.6%
第36回	平成19年	125	3185	15	45	0.5%
第37回	平成20年	112	3364	15	45	0.4%
第38回	平成21年	129	4411	15	44	0.3%
第39回	平成22年	115	3998	15	43	0.4%
第40回	平成23年	120	5095	15	47	0.3%
第41回	平成24年	114	4560	15	42	0.3%
第42回	平成25年	118	4455	15	43	0.3%
		941	31657	120	352	0.4%

の４４５５人という数は、茨城県の中学校全在籍生徒数の５・３％に当たります。このことから、半数以上の中学でこの作文コンクールに対して応募をしているものの、応募人数は全生徒数からすると極めて低く、学校内で何らかの選抜が行われていることが予測できます。また、１校あたりの応募者数は、平均３３・６人です。茨城県の１校あたりの平均生徒数は３５２人ですから、１校でコンクールに応募する場合、十分の一程度に精選されて、コンクールに出品されていると考えられます。つまり、全校生徒に一律に書かせた作文とはまったく質が異なっているといえるでしょう。

　次に、出品された作文が入賞する割合ですが、平均値として、応募作品数３万１６５７作品に対して、入賞作品数は１２０であり、割合にして、０・４％と極めて低くなっています。各中学校の校内で厳選されてきた応募作品に対しても０・４％の通過率ということは、この入賞作品が、多くの読み手に対して、何らかの「よさ」をもった作品であると判断された結果であることが読み取れます。コンクールの審査員は、茨城県教育庁義務教育課副参事ほか、小中学校の校長が当たっています。審査員は毎年変化していますが、いずれにしても、学習者の作文を数多く読んできている人たちです。その審査員が「よい」と判断した作文は、どのような特徴をもっているのでしょうか。

募集テーマは、以下の通りです。

第35回　「絆」「体験」「環境（自然・地域）と私」「世界と日本」「将来の夢」
第36回　「絆」「体験」「環境について」「マナーについて」「将来の夢」
第37回　「絆」「体験」「環境（自然・地域）と私」「世界と日本」「将来の夢」
第38回　「絆」「体験」「環境について」「マナーについて」「将来の夢」
第39～41回　「絆」「体験」「環境について」「今の社会と私」「将来の夢」
第42回　「絆」「友情」「体験」「環境について」「今の社会と私」「将来の夢」

与えられた課題群に対して、中学生としてエッセイ的な自分の日々の思いを書くという意味合いの課題作文であり、一般に「生活作文」といわれる文種に属しますが、テーマによっては意見文的性質も帯びています。

また、テーマによって多く出現する語彙に偏りが生じることは否めませんが、全体的に共通のテーマや継続的テーマが存在し、傾向として同様のテーマが課題として出されています。

五つのテーマのうち、「絆」「体験」「環境」「将来の夢」の四つはすべてにかかわるテーマです。よって、この作文全体の語素解析の数値は、各回のテーマによって変動する数値ではなく、全体的な平均値として考えることができるでしょう。

語種	延べ語数	パーセント	異なり語数	パーセント	異／延
和語	99645	72.3%	3015	48.1%	3.0
漢語	17521	12.7%	2359	37.6%	13.5
外来語	1565	1.1%	485	7.7%	31.0
記号	17521	12.7%	67	1.1%	0.4
固有	563	0.4%	191	3.0%	33.9
混種	1098	0.8%	153	2.4%	13.9
合計	137913	100%	6270	100%	4.5
	156253		9563		6.1

語種の特徴

作文を語種別に分けてみると、上の表のような結果になりました。語種と述べ語数との関係をみると、和語の頻度が飛び抜けて高くなっています。次に頻度の高い漢語や記号と比べてもおおよそ60％高い数値です。これは、意見文などの中学生の作文に占める和語の割合が約50％である[1]ことに鑑みると、72・3％の数値は大変高く、和語を多用しているという特徴が読み取れます。次に多い漢語と記号の割合は同じです。これは一般的文章より記号が多用されていることを意味しています。

また、異なり語数を延べ語数で割ってみます。すると、全体の語彙の中でどのくらいの種類の言葉が使われているかがわかります。つまり、同じくらいの長さの文章を比べると、違う言葉がたくさん出てきた作文の方が、より語彙が豊かということができます。

そこで、延べ語数のほぼ等しい漢語と記号について比較してみると、記号の方が比率が小さくなっています。この理由を具体的な生徒の文章から考えると、カギ括弧を多用していることが確認されました。実際には、始まりカギ括弧と閉じのカギ括弧を合わせて85 3回使い分けされています。これは、ほぼすべての作文の中に7回以上使われている計算になります。このことから、この作文の特徴の一つは、直接話法にあると考えられます。つまり、カギ括弧を使って実際に会話しているような文章にすることで、その場にいるような臨場感が醸し出されるのです。一つの作文で数回であれば会話の一部引用ととれますが、7回以上書かれているということは、会話が部分的に使われているのではなく、会話によって状況や話が進められていると読めるのです。また、このことは、和語の突出した使用とも関係し、日常会話などで使っている言葉によって紡がれている文章ということができます。これによって、書き手の日常生活を彷彿とさせる文章になっており、それが「よさ」につながっていると考えられます。

1　鈴木一史（2011）「中等教育段階における使用語彙の変化」『国語教育研究』473

	談話語	小説	新聞社説	新聞コラム	短歌	文学大事典	俳句	新聞記事	新聞見だし
延べ自立語数	2300	27874	18549	6306	3087	6908	2139	6075	2494
名詞構成比率	43.2%	50.2%	51.1%	52.5%	54.3%	59.6%	62.7%	68.3%	74.4%
形容詞他比率	22.1%	16.4%	16.6%	15.1%	13.5%	12.3%	10.4%	6.5%	3.4%

品詞の使用特性

次に、文体の特徴を調べるために、単語を品詞ごとに分けてみます。樺島忠夫は、文章内の品詞構成比率によって、文章や文体の特徴があらわれていることを上の表のように捉えました[2]。これによると、樺島の示した品詞と文種の関係では、日常会話としての談話語は名詞比率が低く形容詞比率が高くなります。新聞の社説や新聞記事などに行くにしたがって、名詞構成比率は低くなり、形容詞構成比率が高くなる傾向がわかります。

そこで、コンクール入賞作文についても品詞構成を割り出すことによって、文体的特徴を探っていきたいと思います。次ページの表は、解析の結果です。

これらの中で、名詞と形容詞に着目し、樺島の文種と品詞の表に対応させます。コンクール入賞作文は、名詞構成比率については、意見文や新聞記事や小説よりもさらに談話語に近くなっています。これは、記号の多用性、中

	延べ語数	延／自立	異なり語数	異／自立	異／延
自立語	61981		5873		9.48
形状詞	1852	2.99%	210	3.58%	11.34
形容詞	2673	4.31%	178	3.03%	6.66
接続詞	560	0.90%	15	0.26%	2.68
動詞	19676	31.75%	1169	19.90%	5.94
副詞	2731	4.41%	312	5.31%	11.42
名詞	29553	47.68%	3904	66.47%	13.21

でもカギ括弧の多用による直接話法と密接な関係性が読み取れます。つまり、直接話法によって日常会話を切り取り、談話語の集積に近い文体になっているのです。書き言葉よりも、話し言葉的な文章ともいえます。

一般的に、名詞の構成比率と形容詞や形容動詞の構成比率の割合は一定ですが、コンクール入賞作文では、形容詞構成比率が極めて低くなっています。一般的な文章の比率に合わないということは、このコンクール入賞作文の文章が独特の文体で書かれていることを意味しています。直接話法である会話文が多く使われていることは述べましたが、談話体だけで成り立っているわけでもありません。会話を多用しながらも、文字言語の文章としての位置づけを守っている文体です。

形容詞・形容動詞のかわりに多くみられるのが動詞です。動詞は明らかに高い比率で使われています。一般的な文章よりも、文の「体」をなすとされる名詞に対して動詞の出現が多いということは、あるテーマに対して、動きのある言葉によって記述されているということがいえます。

動詞の上位6語は「言う（945回）」「思う（801回）」「考える（170回）」「聞く（153回）」「持つ（137回）」「分かる（119回）」で、「言う」と「思う」の2語が圧倒的に多くなっています。この傾向から、カギ括弧の直接話法とともに心の中を吐露するような心内表現としてのカギ括弧の用法も浮かび上がってきます。いずれにしても、具体的な心内表現も含めた発話の多用性がうかがえます。


次に、言葉のばらつき度合いとして、異なり語数を延べ語数でわった数値について、延べ語数同士がほぼ等しい品詞について比べます。すると、出現率として低い形容詞と副詞が2673語と2731語で、ほぼ等しくなっています。

ところが、トークン比の割合は、副詞が11・42、形容詞が6・66と、副詞が形容詞の倍以上の数字となっています。このことが意味するのは、形容詞も副詞も同じ程度の使用率であるものの、形容詞は同じような表現が何回も使われていて、反対に、副詞は多様な表現が使われている、ということです。

多様な副詞について、頻度上位語を示すことはそれほど意味をもちませんが、具体的には「とても」「少し」「もっと」といった程度を表す副詞の他、「どきどき」「にこにこ」「くらくら」といったオノマトペが多く含まれています。

これらのいろいろな副詞を多く使うことによって、書き手一人ひとりの「個性」が表現されているといえるでしょう。書き表したい特定の場面に対しての表現方法として、程度の変化やオノマトペなどの独自の使用方法によって文章が他者とは違った色合いに見えてきているのではないでしょうか。

中学の教科書では、宮沢賢治の文章を読むときに作者独特の擬音の使い方について学びます[3]。このような学習を経た学習者にとって、独自のオノマトペを使うことは学習成果でもあり、宮沢賢治のような独特の使い方をすることで、作文が特徴的な文章になっていると考えられます。

2　樺島忠夫（1954）「現代文における品詞の比率とその増減の要因について」（『国語学』18号　pp15—20）を基にしている。
3　教育出版の中学2年の国語教科書には、宮沢賢治の『オツベルと象』が採録されており、その学習の目標の一つに、「音読を通して、擬声語や擬態語の効果について考える」とある。

BCCWJとの関係

次に、一般的言語の語彙と比較するために、BCCWJに出現している語彙と対照させて考えてみます。これによって、作文に使われている語彙が一般的文章とどの程度一致しているかがわかります。

BCCWJは、その出現頻度順にレベル分けがなされています[4]。この一般書籍（図書館所蔵書籍）と関係づけをすることで、作文に使用されている語彙がどのようなレベルをもっているかがわかります。また、語彙表には初出学年も属性として示されているので、それとも関連づけます。

その結果が次ページの表です。

この表の「レベル」と「教科書初出」の使用割合が近くなっているのは、レベル分けをするときに阪本（１９８４）[5]の学年とレベルを参考にしたためです。しかしながら、その比率とほぼ同一ということは、一般的な書籍と同様の語彙頻度レベルの言葉を使用してい

レベル	語数	使用割合	教科書初出	語数	使用割合
a	2465	38.0%	小学校前期	2188	32.7%
b	1453	22.4%	小学校後期	1770	26.5%
c	1127	17.4%	中学校	1129	16.9%
d	566	8.7%	高校	661	9.9%
e	871	13.4%	その他	942	14.1%
合計	6482		合計	6690	

ると考えられます。

作文コンクールは比較的会話体が多く用いられていたことを考えると、aが若干多いことは当然ですが、他の頻度レベルはほぼ等しくなっています。このことは、文体差・文種差にかかわらず、中等教育課程程度の学習者が使う頻度レベルは一定程度であることを示しています。また、コンクール入賞に対しての評価においても、どのようなレベルの語が多いか少ないかは、判断基準に影響を与えていないようです。つまり、語彙頻度レベルにおいては「中学生らしい作文」が選ばれているという枠組みが当てはまります。語彙頻度レベルaが飛び抜けて多かったり、eというあまり使われない言葉が多用されたりすることは、中等教育段階の作文としてあまり評価されていないともいえるでしょう。

4 特定領域研究「日本語コーパス」言語政策班報告書（JC-P-10-01）「言語政策に役立つ、コーパスを用いた語彙表・漢字表等の作成と活用」

5 阪本一郎（1984）『新教育基本語彙』学芸図書

意味的な傾向

次に、具体的な言葉について、頻度上位語を検討することで、文章の傾向をつかみたいと思います。

使用語彙から作文の意味的傾向を探るために、名詞のみに絞って、頻度の上位語を抽出します。延べ頻度で120以上ある語の一覧が上の表です。120回出現しているということは、120人分の作文としては、平均して1人1回使っているということになります。

読み	語彙素	頻度	使用人数
ジブン	自分	400	94
ナカ	中	213	93
キモチ	気持ち	187	80
ハハ	母	467	75
ココロ	心	179	63
コトバ	言葉	126	59
イエ	家	164	58
ヒト	人	412	56
ヒ	日	206	53
マエ	前	140	52
カゾク	家族	179	51
トキ	時	460	49
ミナ	皆	176	48
センセイ	先生	196	46
チチ	父	300	45
トモダチ	友達	138	40
ユメ	夢	171	38
ガッコウ	学校	170	37
レンシュウ	練習	123	36
ビョウキ	病気	131	28
イマ	今	335	25

また、実際の使用人数を調べ、語の横に記しました。

一番は「自分」であり、自分自身の身の回りの事柄ついて語っている様子がわかります。

それでは、他の一人称はどのように使用されているのでしょうか。分類語彙表[6]に従って類語を検出してみます。

「自分」は、分類番号では1.2020に対応します。「1」は「体の類」、「1.2」は「人間活動の主体」、「1.20」は「人間」、「1.2010」は「われ・なれ・かれ」、「1.2020」は「自他」と分類されています。そこで、1.2010と102020の類語の中で、作文に使われている言葉を抜き出すと、以下の語彙を使用していることがわかります。

我　私　僕　俺　君　お前　己　彼　彼女
誰　自分　自己　自ら　他人　各自　一人一人

このことから、多様な一人称の代名詞を使用していることがうかがえます。

その中でも、「私」や「僕」ではなく、「自分」という言葉が一番多用されています。これは、直接話法が多いにもかかわらず、自己の呼称として「自分」を使用しているということになり、会話以外の部分での自己に対する客観的言及が示されていることになります。

次に、分類番号で近い数字である人間関係の語彙を確認します。表には、「母」や「父」という家族に関する言葉が多く使用されていることがわかりますが、人間関係に関する語はそれだけではありません。

分類語彙表では「母」や「父」は「1.2120」ですが、「1.21」全体が家族に関する語彙であるため、分類番号表の「1.21」に含まれる言葉で作文で使用されている言葉を抜き出すと、以下のような言葉が使われていることがわかります。

家族	遺族	親子	肉親	家	一家	家々	族
主	主人	嫁	親	両親	父母	父	母
父親	母親	里親	姑	祖父母	祖父	祖母	先祖
子	児	息子	一人っ子	孫	兄弟	姉妹	
兄	姉	弟	妹	親戚	身内	父方	母方
伯父	伯母	叔父	叔母	姪	従兄弟		

「母」「父」といった言葉以外にも、家族としての人間関係が多様に広がっていることが読み取れます。作文課題テーマとして「家族」というテーマは設定されていませんが、これだけ多くの量とバリエーションを含んだ語彙が使われているということは、様々なテーマに関しても、家族的人間関係の中で営まれる考えや行為が作文の中心的話題となっているということでしょう。

これら「自分」と「家族」の語彙を合わせて捉えると、自分の身の回りを含んで起こった出来事に対して、自分を客観的に捉えようとしつつ、様々な人間関係に支えられながら過ごしている様子が読み取れます。

そこで、今度は、書き手の心情に関しての語彙を捉えたいと思います。分類語彙表の上位には「気持ち」や「心」が入っています。つまり、心情にかかわった記述が多くなされているということでしょう。

分類語彙表の心情にかかわる類語を調べると、「心」は「1.3000」であり、「気持ち」は「1.3001」に分類されています。「1.3」は「人間活動―精神および行為」であり、「1.30」は「心」です。

そこで、「1.3000」から「1.3002（感動・興奮）」までの類語の中で、作文で使われている言葉を抜き出すと、以下のような語彙となりました。

感覚	印象	視聴覚	聴覚	感	感じ
気持ち	神経	実感	錯覚	予感	衝動
感触	激痛	驚き	震憾	感慨	感動
感心	感激	共感	痛感	興奮	呆気

このように、「気持ち」や「心」という言葉以外にも、心の状態を表す語が様々に使われていて、心の動きに関しての語彙の多様性があらわれていることがわかります。

作文コンクール入賞作品について、語彙的特徴を分析することで、入賞作品の文体的特徴を分析しましたが、このことは、評者・選者がどのような観点で作文を選び出しているかということの裏返しでもあります。

作文コンクールは、学校の中で行われる授業とは異なり、指導と評価は一体とはなっておらず、指導者と評価者が別々にいます。

つまり、評価者は、指導過程や授業過程をまったく知らずに、出されてきた作文作品そのものを評価している状態です。

このような一つのゴールとして評価される作文とはどのような特徴をもつのかについて語彙的観点から分析しました。

その結果、いくつかの特徴が見られました。

一つめは、一般的文章とは異なった品詞比率によって、文体が特徴的に感じられるということ。

二つめは、形容詞などよりも2倍近くに及ぶ副詞使用の広がりによって独自性が発揮されているということ。

三つめは、自分を中心とした身近な人間的存在とのかかわりを描いている作文であるということ。

四つめは、会話という直接話法を使用することで、臨場感をもたせているということ。

これらの特徴は、学習指導要領の指導事項を中心とした作文指導では明確な指針を示されていません。

6　国立国語研究所編（2004）『分類語彙表　増補改訂版』大日本図書

第6章

作文テーマを広げる

共起語から言葉の伝わりやすさを探る

学校では、作文を書くときに、様々な課題やテーマがあります。

小学校では、「家族」「絆」「大切なもの」「友だち」「幸せ」「夢」

中学校では、「家族」「将来」「努力」「ボランティア」「税」「伝統」

高等学校では、「友情」「医療」「福祉」「環境」「異文化」「経済」、など。

このように、身近な事柄から社会的な問題、そして自分自身を内省するテーマまで、多岐にわたっています。そして、作文コンクールなどでも、テーマやキーワードが出され、それについて書くことになります。

「作文が書けない」と嘆く多くの学習者は、まず書く内容が思いつかないということがあります。

例えば、「福祉」という問題について考えようとしたときに、まずは自分の身の回りの福祉について考えます。しかし、この身の回りの福祉というのは、どのようなことを指しているのでしょうか。それは、自分の家族のだれかが介護を必要としていて、福祉施設に入ることが家庭で話題に上っている場合、介護福祉ということを考えるかもしれませんし、それに付随して、自分も将来「介護福祉士」になろうと考えているかもしれません。

このように、まずは身近なことから考えますが、逆に言えば、身近なことしか浮かばないということもいえます。

そこで、いろいろな考え方がある、ということを学習者が知るには、言葉が必要になります。これを可能にしてくれるのが、「共起語」です。共起語とは、ある言葉が他のどのような言葉と一緒に使われることが多いかを調べるときに使われる考え方です。

改めて「福祉」の例で考えてみましょう。

「福祉」という言葉の前や後ろには、どのような言葉がくるでしょう。
「福祉」施設　「福祉」サービス　「福祉」協議　「福祉」法人　「福祉」事務所
「福祉」事業　「福祉」センター　「福祉」用具　「福祉」国家　「福祉」関係
「福祉」活動　「福祉」制度　「福祉」計画　「福祉」政策　「福祉」手帳
「福祉」分野　「福祉」施策　「福祉」社会　「福祉」保健

次に、「福祉」という言葉が下につく言葉を探してみましょう。

社会「福祉」　保健「福祉」　児童「福祉」　介護「福祉」　地域「福祉」
障害「福祉」　老人「福祉」　医療「福祉」　健康「福祉」　総合「福祉」
在宅「福祉」　動物「福祉」　生活「福祉」　家庭「福祉」　住民「福祉」
寡婦「福祉」　市民「福祉」　母子「福祉」　老齢「福祉」

このように並べてみると、「福祉」という言葉がいろいろな意味で使われていることがわかります。同時に、社会の中に多様な「福祉」があることが、言葉を探ることでわかるのです。

そして、この一覧は、筆者が思いつくまま適当に並べたのではありません。日本語の書き言葉の中で多く使われている順番になっています（これを「共起頻度」といいます）。ですから、たくさんの人が使っているということは、これらの言葉を使うことで、多くの人と概念や考え方を共有できることを示しています。反対に、これらの言葉を使わず独自の言葉を使う場合には、伝わりにくくなるかもしれません。例えば、「自分福祉」などという言葉は、あまり聞きません。このような独特の言葉を使うときには、使う人の定義が必要になります。

この一覧を参照するということは、その言葉が、一般的に使われていて伝わりやすい言葉か、それとも自分一人の使い方で、書いた文章も伝わりにくくなってしまう言葉か、という判断をすることができます。

テーマから言葉を広げる―小学校

テーマについて、どのような言葉と一緒に使われているのかを考えてみたり、探ってみたりすると、テーマにあるキーワードにしたがって、いろいろな発想が生まれてくるのではないでしょうか。

小学校のテーマから、いくつか選んで、言葉を広げてみましょう。

「友だち」というテーマは、学校生活の中でも、普段の生活に密着した事柄です。それだけに、身近なテーマといえます。しかし逆に、身近すぎるために、自分の生活の範囲や思いつきの範囲を超えて広げにくいテーマでもあります。

そこで、共起語の出番です。小学生が自分で調べることはなかなか難しいので、授業者がテーマに沿った一覧を提示してあげると、言葉の広がりとともに考えも広がっていきます。

まずは、「〇〇の友だち」

まわりの「友だち」　学校の「友だち」　時代の「友だち」　他の「友だち」
クラスの「友だち」　自分の「友だち」　友だちの「友だち」　異性の「友だち」
子どもの「友だち」　本当の「友だち」　たくさんの「友だち」　地元の「友だち」
大学の「友だち」　近所の「友だち」　仲良しの「友だち」　別の「友だち」
共通の「友だち」　同性の「友だち」　国の「友だち」　娘の「友だち」
昔の「友だち」　息子の「友だち」　高校の「友だち」　一生の「友だち」

次に、「友だちの〇〇」

「友だち」の家　「友だち」の輪　「友だち」の話　「友だち」の紹介
「友だち」の友だち　「友だち」の結婚式　「友だち」のお母さん　「友だち」の名前
「友だち」の数　「友だち」の間　「友だち」の意見　「友だち」の前
「友だち」の顔　「友だち」の誕生　「友だち」の子ども　「友だち」の数
「友だち」の存在　「友だち」の影響　「友だち」の彼氏　「友だち」の関係
「友だち」の親　「友だち」の気持ち　「友だち」のお父さん　「友だち」の作品

「友だち」の分　「友だち」の考え　「友だち」の部屋　「友だち」の言葉
「友だち」の悪口

いろいろな観点で友だちのことを考えられそうです。
さらに広げてみましょう。

よい「友だち」　いい「友だち」　新しい「友だち」　親しい「友だち」
ない「友だち」　悪い「友だち」　古い「友だち」　すばらしい「友だち」
仲良い「友だち」　数少ない「友だち」　近い「友だち」　詳しい「友だち」
懐かしい「友だち」　長い「友だち」　優しい「友だち」　楽しい「友だち」
若い「友だち」　おもしろい「友だち」　うまい「友だち」　強い「友だち」
多い「友だち」　かわいい「友だち」　深い「友だち」　小さい「友だち」
少ない「友だち」　高い「友だち」　何気ない「友だち」　大きい「友だち」
憎い「友だち」　近しい「友だち」　すごい「友だち」　寒い「友だち」
弱い「友だち」　心ない「友だち」　忙しい「友だち」　易い「友だち」

美しい「友」　遠い「友だち」　頼もしい「友だち」　おとなしい「友だち」
相応しい「友だち」　幼い「友だち」　心強い「友だち」　明るい「友だち」
暖かい「友だち」　温かい「友だち」　薄い「友だち」　賢い「友だち」
軽い「友だち」

「友だち」という一つのテーマでも、いろいろな観点で考えられます。例示があまり多すぎても迷ってしまうかもしれませんが、言葉を示してあげるということは、世界を広げることに他なりません。そして、その中からさらに発想を広げ、どのようなことを書くか考えていくことができます。

今度はテーマ「家族」で考えてみましょう。
「友だち」のときのように考えると、「核家族」などと浮かんできますが、ここでは、「家族が…」と「（形容詞）＋家族」を考えてみましょう。

「家族が…」

「家族」が多い　「家族」が少ない　「家族」がほしい　「家族」がない
「家族」が恋しい　「家族」が悪い　「家族」が優しい　「家族」が仲良い
「家族」が偉い　「家族」がかわいい　「家族」が強い　「家族」が快い
「家族」が暖かい

「（形容詞）＋家族」
新しい「家族」　古い「家族」　よい「家族」　楽しい「家族」
すばらしい「家族」　強い「家族」　うるさい「家族」　厳しい「家族」
古くさい「家族」　明るい「家族」　優しい「家族」

テーマから言葉を広げる―中学校

中学生になると、身近なことだけでなく、少し将来に向かって考えを飛躍させる時期でもあります。

例えば、「伝統」は、昔と今をつなぐ大切な言葉ですが、その言葉のもつ意味はどのように広がっているのでしょうか。

「伝統」文化　「伝統」工芸　「伝統」芸能　「伝統」行事　「伝統」産業
「伝統」医学　「伝統」技術　「伝統」音楽　「伝統」野菜　「伝統」料理
「伝統」構え　「伝統」工法　「伝統」技法　「伝統」芸術　「伝統」主義
「伝統」楽器　「伝統」建築　「伝統」社会　「伝統」医療　「伝統」製法
「伝統」衣装　「伝統」宗教　「伝統」食品　「伝統」舞踊　「伝統」菓子
「伝統」空手　「伝統」仏教　「伝統」家屋　「伝統」木造

「伝統」という言葉も、とても多くの意味で使われていますが、中学生が発想しにくい分野もあります。そこで、このように言葉を示してみましょう。さらに、意味の取りにくい言葉があれば、自分たちで考えさせたり、授業者がいくつか例示してあげたりするのもよいかもしれません。

さらに「伝統」はどうするものかを考えるときに、以下のような用例があげられます。

「伝統」を守る　「伝統」を受け継ぐ　「伝統」を誇る
「伝統」を重んじる　「伝統」を継承する　「伝統」を伝える
「伝統」を生かす　「伝統」を尊重する　「伝統」を学ぶ
「伝統」を否定する　「伝統」を感じる　「伝統」を復活する

同じ「伝統」という言葉を使っても、使うフレーズによってずいぶん印象が変わってきます。さらに、そこから考えられる方向性も変わります。方向性が決まってきたら、書く内容や、書くための資料・情報集めの方向性も決まってくるでしょう。言葉のつながりが作文の内容を広げていくのです。

テーマから言葉を広げる――高等学校

高校生になると、小論文を書くことが多くなり、社会的な問題を自分なりの視点で切り取って意見を述べなくてはなりません。言葉を増やすことについては、小学校からの積み重ねが大切です。そして、さらに、一般の書籍などで用いられている大人の言葉づかいも学ばせていきましょう。

「経済」は比較的新しい言葉であり、「経世済民」を基にしてつくられた訳語です。もともとの「経済」という語は、今私たちが使っている意味よりも広いものでした。Economy の訳語として定着したこの語も、言葉の意味が広すぎて、人によっていろいろに捉えられます。では、どのような語と結びついているのでしょう。

「○○経済」

世界「経済」　地域「経済」　社会「経済」　高度「経済」
マクロ「経済」　市場「経済」　主義「経済」　政治「経済」
バブル「経済」　国民「経済」　国際「経済」　わが国「経済」
貨幣「経済」　実体「経済」　計画「経済」　ミクロ「経済」
金融「経済」　国内「経済」　環境「経済」　医療「経済」
地方「経済」　産業「経済」　自由「経済」

社会科で習った言葉も多く出てきています。しかし、教科書では習わない言葉もあります。また、社会科の教師にとっては知っていて当たり前でも、国語科の教師は正確に知らない言葉や自分の使用語彙ではない言葉も多くあります。

「経済の○○」
「経済」の発展　「経済」の活性　「経済」のグローバル　「経済」の成長
「経済」の中心　「経済」の仕組み　「経済」の安定　「経済」の回復
「経済」の動向　「経済」の状況　「経済」の崩壊　「経済」の低迷

「経済」の動き　「経済」の構造　「経済」の停滞　「経済」の現状
「経済」の先行き　「経済」の健全　「経済」の数字　「経済」の再生
「経済」の変化　「経済」の高度　「経済」の基礎　「経済」のあり方
「経済」の本質　「経済」の基本　「経済」の活力　「経済」の持続

「の」を入れると、「経済」という動かないように見えた名詞が、いろいろと変化して躍動してくる感じがします。そこに、「経済」をテーマとした文章が生まれてきます。
次に、経済がどのようになるのか、本文に書き込む言葉を調べてみます。

「経済」が発展する　「経済」が崩壊する　「経済」が成長する
「経済」が発達する　「経済」が停滞する　「経済」が悪化する
「経済」が破綻する　「経済」が低迷する　「経済」が拡大する

言葉にずいぶんと動きが出てきました。そこで、経済に関して、どのような方向性をもった情報や資料を集めるのかを考えたり、自分と経済とのかかわりについて考えたりする

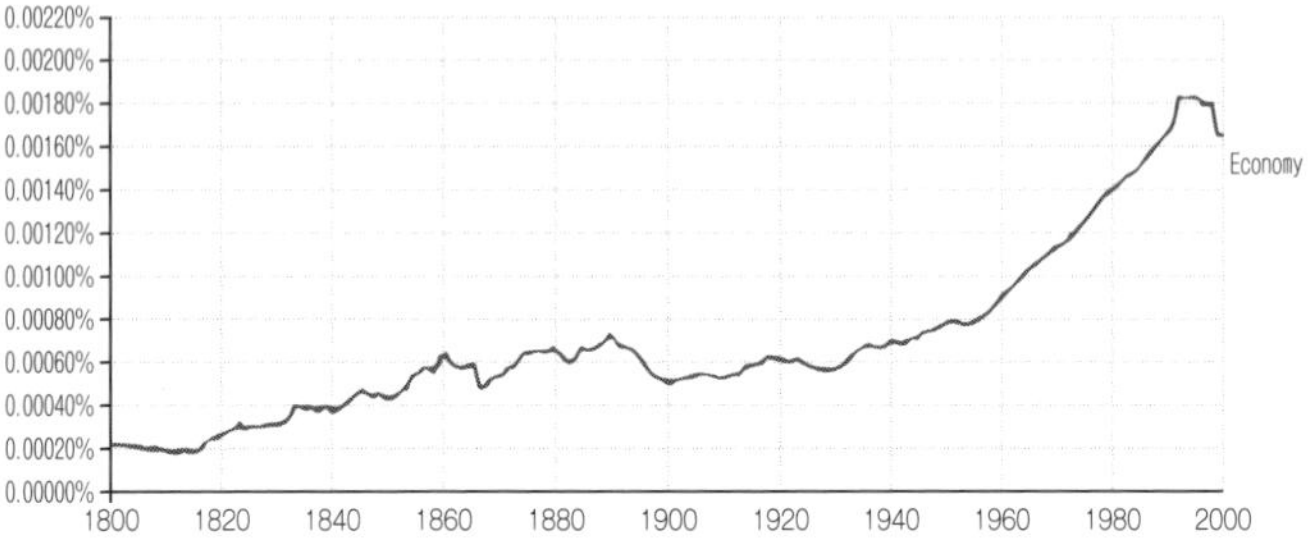

ことができます。

これらのように、テーマとなっているキーワードについて、いくつか考える材料の言葉を一覧にして学習者に提示することで、与えられたテーマに沿って考えが膨らんでいきます。

ところで、米グーグルは、過去数世紀に渡って出版された５０００万点以上の書籍に出現する約５０００億語の中で、特定の語句がどの程度頻繁に書籍に出現するかを探索できるGoogle Books Ngram Viewerというツールをウェブ上で公開しています。

このツールで「経済」に当たる英語economyを検索した結果は上のようなグラフになります（縦軸が頻度割合、横軸が年）。

これを見ると、１９３０年代あたりから使用頻度が上がっており、現在では聞いたことのない人はいない「経済」という言葉も、比較的新しい概念であることがうかがえます。

第7章

科学と言葉の歴史

最先端の医療と言葉の問題

今までになかった物事を把握したり表現したりする際に使われる言葉が、専門知識をもつ人だけでなく一般社会でも理解されることがあります。新しい言葉をつくる場合でも、よく知っている言葉や漢字を組み合わせて表します。

では、新しい言葉で新しい概念に触れていく場合に、どのようなイメージが形成されていくのでしょうか。そこに問題点はないのでしょうか。

例えば医療ですが、今まで医療は医師という専門家にすべて任せて言うとおりにするというのが一般的でした。高度な医療になればなおさらのことです。

ところが現在は、「インフォームドコンセント」のような言葉をよく聞くように、医師と患者とが一緒になって治療方法を決めたり、患者が納得いくまで説明したりする方向に変わりつつあります。そうすると、今度は患者側が自分の病気のことや医療のことをよく知って判断する必要が出てきます。

そこで問題になるのが、言葉です。

医師や看護師などの医療従事者としての専門家は、専門用語によって病気や症状、薬の効果などを把握してきました。一方患者は、自分の体のことではありますが、言ってみれば「素人」で、専門家と素人が多くの言葉を共有しなければならないわけです。ところが、患者に「医者と同じような言葉を勉強してから話に加われ」というのでは、これからの医療の方向性に反してしまいます。そこで、専門用語やカタカナ語をなるべく使わないように、概念を砕いて説明したり、言い換えたりして説明することになります。

文化庁の「国語に関する世論調査」でも、カタカナ語の理解度が低いことが指摘されたり、カタカナ語の多様に対する懸念が示されたりしています。また、国立国語研究所では『外来語言い換え手引き』などをつくって、外来語が多くの人に理解されるようにしています。この本の中には、先ほどの「インフォームドコンセント」も収録されていて、言い換えとしては「納得診療」「説明と同意」となっています。そして、意味は「十分な説明を受けた上での同意」とされています。

しかし、医療の問題はカタカナ語だけに限りません。今ある日本語で表現されていても、概念自体が新しいということがあります。

その最たるものが「再生医療」でしょう。

2012年に山中伸弥氏がノーベル賞を受賞して認知され、それから日本国内で再生医療が広く行われるようになってきました。再生医療は私たちの日常生活に大変近いものであり、多くの人が恩恵を受ける可能性があるという意味で、医療問題としては身近なものといえるでしょう。

ところが、高校生に対して再生医療に関する意識調査を行ったところ、新しい医療に対する期待や可能性というイメージをもっている一方、同時に、「不安」や「心配」という思いも含まれていることがわかりました。新しい治療方法や科学的知見に対してなぜこのような不安、心配という思いを抱くのでしょうか。もちろん、医療そのものの不確定要素というものはあるでしょう。しかし、再生医療という新概念を述べるときの言葉の問題はないのでしょうか。

そこで本章では、新しい概念を取り入れる際の言葉の問題を取り上げ、特に再生医療関連の用語について検討していきます。

新語導入の歴史

明治期に、外国、特に西洋の文物が大量に輸入された際、それらを明確に指し示す言葉が既存の和語にはなかったため、言葉もまた大量に生み出されました。

国立国語研究所の報告では次のように指摘されています。

明治初期に輸入された欧米の文物制度には、わが国に今まで全然存在していなかった事物が多いので、新しい翻訳語が作られ、新語が続続生まれた。急激に押しよせた外来の文物に、時間的に余裕もなかったせいもあろうが、漢字漢語をもって新語や翻訳語をまかなったのである。（中略）とにかく、西欧文化の摂取に漢字漢語が大きな役割を果したのは事実であった。（国立国語研究所（1959）『明治初期の新聞の用語』p2）

また、高山乾忠氏が、

明治時代の啓蒙思想家たちは翻訳語を通じて、「自由」、「平等」などの先進思想及び物理などの近代自然科学と社会科学を日本に導入することに成功した。これらの翻訳語は新しい観念を日本に運んで来て、明治時代の人々を啓発し、思想を開放させて、日本の近代開化を推進した。（高山乾忠（2007）「漢字における造語の歴史」『長崎ウエスレヤン大学地域総合研究所研究紀要5（1）』pp39—43）

というように、明治期に新しい概念が入ってきたときには、多くの言葉も生まれました。つまり、物事の考え方は言葉の問題でもあるということです。

科学技術の発展著しい現在にも、そのときと同様の様相がみられます。つまり、今までになかった概念と、それを表す言葉をもたない状況で事態が進行しているということです。異なっているのは、外国から新しい文物が流入しているのではなく、科学技術の発展によって、今までに存在しなかったものや考え方が生み出されているという点です。再生医療の問題は、概念と言語の問題を浮き彫りにしてくれます。

明治期の訳語を中心とした造語

では、明治期の状況を踏まえつつ、学術的用語に含まれる問題を確認し、現在の問題について、教育的観点から探ってみましょう。

明治期につくられた多くの言葉は、当時の作家などが文章に用いることで一般化していきました。現在のように、ＳＮＳなどの普及によって、だれでもが発信者になる状況ではありませんでした。したがって、活字になって発信されたものは、文章のプロが書いたものであり、一種の規範的要素も担っていたといえます。

新しい言葉をだれが一番はじめに使い出したかという問題は、なかなか確定することが困難です。一例をあげれば、一般に森鷗外が使い始めたとされている「情報」という言葉ですが、それ以前から出現していることが確認されています。

反対に、訳語としてつくられた経緯が明確な言葉もあります。西周《にしあまね》などは、多くの造語を生み出しています。

また、すぐに廃れてしまった言葉も多くあります。これは、現代の流行語も同じですが、言葉が定着するには、いくつかの要因があります。手島邦夫は、それらの訳語の定着の要因として「言語的要因」と「言語外的要因（社会的要因）」に分け、「言語的要因」については、次の三つを示しています[1]。

1　訳語の的確さと近代性
2　原語を示すルビつきの語の多さ
3　訳語の意味や造語理由に関する自注の多さ

これらの指摘は、訳語以外の造語にも当てはまる観点です。教育的観点からも、子どもたちが使う言葉がどのような言葉なのかを考えるうえで参考になります。

いずれにしても、輸入した文物をよく知る人たちが、既存の言葉を組み合わせて訳語をつくり出したり、それらを言語媒体に載せて流通に寄与したりしました。これらの訳語は、もともと専門用語であり、学術用語として成立してきました。専門家だけが心得ていればよかった言葉ともいえるかもしれません。

一方、新聞や雑誌などで自由につくられ、使われていた造語もあります。高島俊男氏は、以下のように指摘しています。

明治維新以降、日本は、西洋のありとあらゆるものを取り入れるべくつとめた。政治のしくみ、法律と裁判、各種の産業、建築や交通機関、通信手段、学校と教育、学問芸術、軍隊警察、衣服や食品等の生活用品、それに運動やあそびまで——。それらにはみな、名称や用語（もちろん西洋語の）がともなっている。日本人はこれをことごとく日本語に訳そうとし、また実際訳した。それに漢字が動員され、数千数万語にのぼる和製漢語がつくられたのである。（高島俊男（２００１）『漢字と日本人』ｐ１２９）

つまり、自由につくられる場合は、数え切れないほどの和製漢語が生まれ、消えていったのです。そして、消えていかなかった言葉は、「洋学の翻訳より生じた漢語」である[2]と考える人もいます。言い換えれば、数多くつくられた新語の中でも、「洋学の翻訳」という新しい概念導入にかかわった専門用語や学術用語が人々の概念形成に大きくかかわっているということです。

これら造語の「その後」を考えると、そのまま学術用語として閉鎖された集団の中で使用される専門的流通の場合と、その言葉が新聞や文学作品等、専門家や学術集団外に流通していく一般的流通の場合とがあります。

また、一般的流通の場合には、消滅も含めて自然に流通していく場合（自然流通）と、意図的に流通させていく場合（意図的流通）とに分けられます。

ここでは、特に専門用語の意図的流通にかかわる問題について考えていきます。学術用語として発生したにもかかわらず、一般の言語として流通するようになった語彙こそが、教育上の問題点を抱えることになるからです。

では、問題とすべき意図的流通語彙とはどのようなものでしょうか。

それは、専門を離れて一般社会生活と深くかかわりをもつ語です。高野繁男は「文系の語彙」と「理系の語彙」とに分けて訳語を論じていますが[3]、文系の言語である経済や言語に関する用語は人口に膾炙することで一般社会に浸透していきます[4]。それに対して、「理系の語彙」は意図的に流通させなければ、専門家以外の人に広まることはありません。

では、医療用語はなぜ問題になるのでしょうか。
田中牧郎・相澤正夫は、

> 同じ言語社会に属し同じ言語を使っていながら、言語が分かりにくかったり言葉を分かりにくく使ったりすることによって、重要な伝達情報が阻害されていることは、言語問題として見過ごせない。ここでは、多くの人にサービスを提供する立場にある専門家集団があたりまえのように使う語彙が、非専門家である一般の人々にとって難解である問題を「難解語彙の言語問題」…以下略（田中牧郎・相澤正夫（２０１０）「難解用語の言語問題への具体的対応『外来語』と『病院の言葉』をわかりやすくする提案」社会言語科学13（1）pp95―１０８、傍点は筆者）

として、「外来語」と「病院の言葉」を俎上に載せています。そこには、社会的変化の要素も相俟って、田中・相澤の指摘する「現代社会では、従来であれば専門家に任せてもあまり困らなかった分野で、一般の人々が判断や選択を迫られることが多くなってきて」いるため、医療用語の問題はとりわけ教育的な問題ともなってきているのです。

1
手島邦夫（2001）「西周の訳語の定着とその要因」『國語學』日本語学会52（3）p91
幕末から明治初期にかけ新造語を多く生産した西周の訳語が、現在も多く用いられていることはよく知られている。本発表は、同時代の思想家や知識人の中で、なぜとくに彼の訳語が現在も多く通用しているのか、という点について考察したものである。発表では、西の主要な著作や翻訳書等から採った訳語の語種別の内訳、現在も通用の語の割合、訳語の出自についての分類、推定される新造語の数、さらに『致知啓蒙』での造語方法等について述べたうえで、訳語の定着要因について考察した結果を述べた。定着の要因を、言語的要因と言語外要因（社会的要因）に分けた。まず言語的要因として、（1）訳語の的確さと近代性、（2）原語を示すルビつきの語の多さ、（3）訳語の意味や造語理由に関する自注の多さ、があげられた。（1）については、『明六雑誌』における同一原語の訳語の比較により、他の中村正直等の訳語より的確さや近代性において優っていることが確認された。（2）（3）については、そうしたルビや自注が読者の理解を助け、西周の訳語が広まっていくことに貢献したものと考えられた。

2
森岡健二（1969）『近代語の成立　明治期語彙編』明治書院、p266
現代日本語は、まさに漢語の氾濫ともいうべき観を呈している。
山田孝雄博士は、その著「国語の中に於ける漢語の研究」でこれらの漢語のよって来たるところを考察し、その源流として次の四つをあげている。
イ　直接又は間接の交通輸入によるもの
ロ　漢学より伝わりたるもの

ハ　仏教の書より伝わりたるもの
二　洋学の翻訳より生じたる漢語
確かに現代日本語における漢語は、これらの源流に基づくものの集積だといえよう。

ところで、右記の四つの源流のうち、イロハに属する漢語は、そのほとんどすべてが中国産、もっと厳密にいえば、日本産以外の漢語といえるのに対し、二の洋学の翻訳より生じた漢語は、逆に日本産、つまり日本人の作成したものが多いと考えられる。また、イロハに属する漢語は、江戸時代以前に入って来たもので、現代漢語の中に大量に残っているとはいえ、すでに死滅したものも多いのであるが、二の洋学より生じた漢語は、文明開化以降、新たに製造されたもので、イロハと比較して現在どちらが多いかを検討することは困難であるにせよ、現代漢語を形成する重要な基礎となっていることは争われない事実だと思う。

3　高野繁男（2004）『近代漢語の研究　日本語の造語法・訳語法』明治書院

4　真田治子（2007）「〈書評〉高野繁男著『近代漢語の研究　日本語の造語法・訳語法』」日本語の研究3（3）pp40—45
物理や化学などの理系の用語は一般社会では使用される場面が少ないのに対して、経済や言語にかかわる用語は意味や用法が拡大して一般社会に浸透していったのではないかと考えれば、多くの話者や場面で使用されることで文系の用語の交替の方が著しかったのではないかと考えられる。

再生医療関連用語の抽出

　専門家の中だけで言葉が収束できない分野の一つが医療ですが、中でも新概念の導入が著しいのが再生医療分野です。医療技術の発展・進化は多くの分野での研究の賜ですが、「今までに存在していなかった概念」という点では再生医療分野が顕著です。そこで表現される言葉は、言語の差はあれ「造語」でしかなくなります。この「造語」の中にも、古い言葉に新しい意味をつけ加えて「造語」とする場合があります。この場合は、当然今までの意味と新しい意味との間にずれが生じます。その差異を正確に理解するのはなかなか難しいことですが、正確な知識として理解されるようにしなければなりません。

　そこで、学校教育において、先進科学・医療分野関連の語がどの程度扱われているのかを抽出してみます。まず、再生医療関連語彙として瀧澤利行らは以下の１０６語を抽出しました[5]。これらの言葉が再生医療を理解するうえで重要な用語であり、なおかつ一般的にも知られる必要のある言葉であるという仮定の下で選び出しています[6]。これを、学習指導要領の中にある言葉（A）と、ない言葉（B）とに分けてみます。
するとﾞ、次のようになりました。

A　構造　医療　細胞　遺伝　遺伝子　DNA　分裂　分化　免疫　核　ウイルス
医薬品　発生　転写　体細胞　胚　塩基配列　組織　血液　白血球（リンパ球）
ゲノム　QOL　臓器移植　臓器　誘導　副作用　クローン　受精卵　がん化
身体機能　移植　拒絶反応　有効性　増殖　拒絶　変異　再生　細胞培養

B　人工多能性幹細胞　リプログラミング　細胞バンク　細胞医療　体性幹細胞
山中因子　医療用 iPS 細胞ストック　HLA　iPS 細胞　細胞治療　多能性
前臨床試験　創薬　プラスミドベクター　再生医療　自己再生能力　臨床研究
培養　遺伝子導入　胚性幹細胞　インフォームドコンセント　腫瘍化　罹患率
難病　治療薬　初期化　ES 細胞　ノックアウト　倫理　懸念　ホモ　転写因子
モニタリング　キメラ　臨床試験　生命倫理　ストック　リスク　難治性
患部　幹細胞　科学的知見　レトロウイルス　ヘテロ　治験　治癒　コロニー

再活性化　病態　採血　毒性　遺伝子治療　画期的　動物実験　人為的
特異的　多分化能　奇形　自己複製能　因子　前駆細胞　余剰胚　基礎研究
投与　腫瘍　ドナー　メカニズム

A群は38語（35・8％）、B群は68語（64・2％）です[7]。ここから、再生医療に関連した言葉が学習指導要領解説には多く載せられているわけではないことがわかります。つまり、学校教育では、再生医療の新概念としての言葉はあまり学習しないということになります。もっとも、新しい言葉をすべて学習していったのでは、学習用語だけが嵩んでしまい、別問題が生じることは明らかです。しかし、重要な点は、同調査で「再生医療で使用される言葉とは異なる意味で習う単語」として「再生」があげられている点です。さらに「再生医療で使用される言葉と同じ意味・異なる意味の両方で習う単語」として「分裂」「分化」「核」「発生」「転写」「組織」「誘導」の7語が示されている点です。教育的観点に立った場合、これらの一般的語彙と専門的語彙の意味の乖離が問題となります。

そこで、使用されている漢字の属性を確認し、次に新聞記事での出現と理解度を検討し、最後に教科書の出現と一般書籍での出現について確認してみます。

5　瀧澤利行、石原研治、廣原紀恵、郡司晴元、鈴木一史、大辻永、佐藤隆（２０１４）「iPS細胞による新しい再生医療社会を迎えるための新規教育領域の創出」平成26年度茨城大学推進研究プロジェクト報告書、pp41―42

6　抽出した１０６語の中には、「リスク」や「副作用」のように、再生医療とだけ直接に関連しているわけではない言葉も含まれている。しかし、再生医療では患者がどのような「リスク」を追うことになるのかについての正確な情報が必要であり、そこには「リスク」という概念を医療者と患者の両方が共有する必要がある。このような医療技術だけでなく、患者が知るべき言葉として必要だと考えられる言葉が含まれている。

7　鈴木一史、石原研治、吉村英華、関屋奈々子、瀧澤利行（２０１６）「現行の学習指導要領解説における再生医療関連用語の出現頻度の調査」日本再生医療学会誌「再生医療」15、p３６５
学習指導要領解説の調査範囲としては以下
中学1年生・理科、中2年生・理科、中学3年生・理科、中学1年生・保健、中学2年生・保健、中学３年生・保健、高校・科学と人間生活、高校・生物基礎、高校・生物、高校・地学基礎、高校・地学、高校・物理基礎、高校・物理、高校・化学基礎、高校・化学、高校・理科研究課題、高校1年生・保健、高校２年生・保健、高校3年生・保健

用語に使用されている漢字

さて、前項で紹介した106の言葉がどのような漢字によってつくられているのかを確認すると、常用漢字121字を使い、学年別配当は以下のようになっていました。

常用漢字（121字）
小学1年　10字「子生白人山中力入学見」
小学2年　16字「細分体組作用工多前自理科知活画形」
小学3年　26字「医化薬品発転写配列血球植受身反有研究病期命部動物実投」
小学4年　15字「伝塩器副機変養治試験初念的毒特」
小学5年　23字「構造基織液移導精能絶応効性増再幹因率態採複製余」
小学6年　8字「遺臓卵異臨創己難」
中学以降　21字「疫核拒患為奇懸駆殖床剰礎胞培療裂免誘倫癒与」

追加字種として2字「腫瘍」
常用漢字外2字　　「胚罹」

121字のうち98字が小学校で習う漢字でつくられています。常用漢字外も2字使われていますが、専門用語の表記問題として「繊」「纖」「線」「腺」など、常用漢字への変更が混乱を生じている事例もあります[8]。

徳弘康代・川村よし子は、造語能力の高い漢字と低い漢字があることを指摘し、漢字学習の一助となる調査を行っています[9]。また、丹保健一は、学年別配当漢字の頻度調査をし、頻度下位10種（「蚕」「笛」「后」「朗」「俵」「陛」「穀」「汽」「絹」「班」）を抽出しています[10]。再生医療関連用語の80％が学年別配当漢字であり、特に頻度下位の語も使用されていないことを考え合わせると、漢字自体は小学校で学習していても、熟語になることで極めて高い専門性を帯びるということが読み取れます。

8　小川徳雄（2004）「学際的な学会で使用する用語はどうあるべきか」日本生気象学会雑誌41、No.4、pp155―162

学際的な学会では、「センイ」を「繊維」と書くか「線維」と書くか、といった混乱が起きている。医学系では、従来の「繊維」（または「繊維」）をいち早く「線維」と改め、医学界では定着してしまったが、「繊」は略字形の「繊」として常用漢字に残り、一般には繊維と書かれるので、混乱を来してしまった。気管・気管支や卵管などの上皮の「繊毛」も同様で、医学系では「線毛」と書かれるようになった（「線」では「繊」にある繊細さが失われていると思うが）。生物学では「繊維」、「繊毛」なのに、医学では「線維」、「線毛」となる

9　徳弘康代、川村よし子（２００６）「漢字の造語能力に関する基礎調査」日本語教育方法研究会誌13（2）pp16―17

10　丹保健一（２０１４）「学年別漢字配当表の字種選定をめぐって　頻度下位10字種を中心に」三重大学教育学部研究紀要、自然科学・人文科学・社会科学・教育科学 pp73―90

新聞記事の用語と理解度

国立国語研究所は、明治10、11年の新聞記事の語彙分析を行っています[11]。これは明治期の文物の流入と造語漢語の氾濫状況を詳細に示す資料であり、新聞記事が当時の社会と語彙の関係性を考えるうえで有用であることを示しています。

そこで、再生医療関連語においても、新聞記事の分析と理解度調査によって、語彙の一般的流通の現状を把握してみましょう。

加藤らの調査によれば、「難しい」と感じられる語は、「分化」など「学習していない語」、「人工多能性幹細胞」など「熟語として長い語」、「リプログラミング」など「カタカナ語」です[12]。さらに、興味深いことは、同様のものを指し示すにもかかわらず「iPS細胞」を「人工多能性幹細胞」と表記されると、とたんにわからなくなるということです。これは、言語のイメージのしやすさや長さ、そして、学習された情報や漢字などの既習知識とどの程度結びつくかが鍵となっています。

11　国立国語研究所（1959）『明治初期の新聞の用語』秀英出版
調査対象は「郵便報知新聞」、期間は明治10年11月から11年10月まで

12　加藤宋樹、石原研治、鈴木一史、山口千恵子、瀧澤利行（2016）「中・高校生を対象とした再生医療に関わる新聞記事の理解度の調査」日本再生医療学会誌「再生医療」15　p364

教科書に現れる用語

「再生」「核」「組織」「分裂」「誘導」「分化」「再生」「転写」の8語を、教科書から抽出してその数をまとめたのが次ページからの表です[13]。

これらの言葉が理科という教科に特徴的に出現する語であることは明らかですが、そのほかの教科にも出現し、理科の学習だけにとどまらないことを表しています。

ここでは、特に教育上重要な問題を含むと考えられる「分化」と「再生」について、教科書出現例文を基に検討します。

「分化」は、理科のみに特徴的な言葉で、理科という教科の中で専門用語として学習します。漢字自体は学年別配当で小学校2年と3年に当てられていますが、「分化」という語としてはじめて習うのが高校であることを考えると、専門用語としての位置づけと考えてよいでしょう。これは、yahoo 知恵袋・ブログなどでの出現頻度から、一般的に使用されることはほとんどないことでもわかります。しかし、他教科に出てこないわけではなく、高校社会などでは、「集落の発達と分化」という項目で、社会としての「分化」の定義づけが行われています。

保健体育	情報	図書館書籍頻度	yahoo知恵袋頻度	yahooブログ頻度	初出学年	特徴教科
46	19	a	a	a	小前	理社技保
2	0	a	b	a	小後	理社
23	23	a	b	a	小後	理社
3	0	a	c	c	中	理社
0	2	b	c	b	中	理
0	0	b	e		高	理
2	18	a	a	a	小後	理技情
0	0	c	d	e	中	理

高校の理科では以下のような説明とともに出てきます。

・ヒトの組織や器官を再生するために用いられる未分化の細胞には、ＥＳ細胞（胚性幹細胞）と呼ばれるものがある。

・心筋の一部が壊死した患者の骨髄から幹細胞を取り出して心筋細胞に分化させ、これを大量に増殖させたのち、その患者に移植して治療を行うことも試みられている。

しかし、社会では「分化」を次のような文脈などで使います。

・集落の発達と分化　ある一定の地域にいくつかの集落が発達してくると、やがて農業や漁業を中心とする集落ばかりでなく、商業や政治など、ある特定の機能をもった集落が成立しはじめた。そのような集落は、周辺の地域への影響力をますます強め、中心集

語彙素	全教科	国語	数学	理科	社会	外国語	技術家庭	芸術
発生	1210	20	1	798	238	1	82	5
核	915	19	0	613	262	2	15	2
組織	786	10	1	278	412	2	32	5
分裂	474	6	0	362	103	0	0	0
誘導	257	3	0	240	2	1	9	0
分化	169	8	0	143	11	0	3	4
再生	159	6	0	67	37	1	18	10
転写	36	2	0	30	0	0	1	3

落として人口規模も大きくなり、現在でも重要な都市として位置づけられているものも多い。

「再生」は、理科以外にも出現する言葉で、学年配当漢字としては5年生と1年生で学習します。yahoo 知恵袋・ブログでも出現頻度レベルが「a」であり、かなり高頻度で使用されていることがわかります。つまり、専門用語ではなく一般用語だと考えられるのです。熟語としての初出も小学校高学年であり、再生医療関連用語として学習する以前に、多くの文脈で遭遇していることがわかります。

高校の理科では再生医療の項目で使われますが、芸術では、

「都市に森を再生し自然と共生する集合住宅づくりを発想した人たちがいます」（中学芸術）

国語では、

「川岸やはまべに流されてきた木切れなども拾い集められ、お

ふろの燃料に使われました。実は、このように修理・再生したり回収したりする仕組みは、五十年ぐらい前まで生きていました」（小学国語）

情報では、

「音声を録音、再生するための周辺機器をサウンドカードという。サウンドカードは内蔵されている場合が多く、マイクロホンやオーディオ機器を接続して、人の声や音楽を録音する。スピーカを接続することもできる」（高校情報）

といった文脈で扱われています。

これらのことから、「分化」という言葉は、漢字学習の観点からは「やさしい」という印象を受けますが、その意味内容は専門的定義が存在する語であり、一般的に使われることが少ないため、実際には正確に把握することが困難な言葉です。

「再生」という言葉は、漢字学習の観点からも一般的使用頻度からも、「難しい」という印象は与えませんが、その意味内容が多岐にわたっていて、どのような文脈で使われるかを把握する必要があります。仮に、小学校で出会ったままの意味内容や、「高校情報」で習う意味内容のまま「再生医療」をイメージするとすれば、木切れが風呂の燃料となったり、録音したものをもう一度聞いたりというような意味合いに受け取ることで、人体がもう一体できたり、人の右腕を取ってきて自分の右腕に取りつけるというような安易なイメージが浮かんでくるでしょう。当然、そこから生まれる「再生医療」に対する想像は、**石原研治らが示したような「心配」や「不安」要素が生じてくる原因ともなります**[14]。

一般社会で流通する語彙は、専門家が専門的限定定義のもとで使うものとは別の意味内容を既習知識から推測して付与してしまい、独自のイメージ化によって個人の印象を形成します。ここに、新しい事物に対して言葉を対応させる際の言語的課題が生まれます。それを克服するためには、用語の問題とともに教育的問題の克服が必要です。

言語的課題については、どのように新概念を記述していけばよいのでしょうか。

前述の手島が示した三つの要素をここでもう一度確認すると、再生医療関連語彙に関しては、「1　訳語の的確さと近代性」と「2　原語を示すルビつきの語の多さ」については直接的に参考にはしにくいでしょう。なぜなら、訳語の的確さと近代性は海外事物の流入に関しては有効性をもちますが、新事象としての再生医療関連語については、直接的に有効性をもたないからです。訳語の的確さやルビは、元となる外国語に対する視点です。

それに対して「3　訳語の意味や造語理由に関する自注の多さ」は、その言葉や造語理由を付与しているという点で有効です。そして、この視点は、用語作成時の問題ではなく、用語ができた後で流布されるときの方策として、教育的な視点であるといえます。

そこで、用語作成後の教育的課題の克服として、国立国語研究所「外来語」委員会が、外来語を言い換えるときの手引として、個々の言葉を言い換える際の視点として、次の三つを提示しています[15]。

1　言い換え語
2　意味説明
3　その他の言い換え語例

つまり、理解しやすい言葉に置き換えたり、短い意味を添えて提示したりすることで外来語の理解が進みます。学術用語として使用されている言葉が一般的な理解が必要である場合、西周の流布理由と外来語の言い換え方法を考え合わせることで、言語教育的な課題を克服し得ると考えます。

その言葉の正確な意味定義を知らないという学習者の問題ではなく、新しい概念を導入する際にそれらの言葉をつくり、使用している専門家集団の責務であると同時に、このような現象が生じていることを踏まえたうえで教育を行っていく、教育者集団の責務でもあるといえます。特に、国語教育が言葉の教育であり、言葉によって対象や概念を捉え理解させていくことを目指すのであれば、新しい概念を包含した言葉を整理して既存の言語体系の中に相対化して捉え直し、教育的方法に向かわなければなりません。そのためには、まったく新しい概念と言葉との間の関係性を言葉の専門家がつなぐ必要があるでしょう。

13　田中牧郎、相澤正夫、斎藤達哉、棚橋尚子、近藤明日子、河内昭浩、鈴木一史、平山允子（２０１１）「言語政策に役立つ、コーパスを用いた語彙表・漢字表等の作成と活用」文部科学省科学研究費特定領域研究「代表性を有する大規模日本語書き言葉コーパスの構築：21世紀の日本語研究の基盤整備」言語政策班作成の「教科書コーパス」および「学校・社会対照語彙表」による。

14　石原研治、柴田有沙、鏑木瞳、瀧澤利行（２０１６）「高校生のiPS細胞と再生医療に関する意識調査」日本再生医療学会誌「再生医療」15、p３６４）
石原らは、高校生に対して再生医療に関する意識調査を行っている。その結果、新しい医療に対する期待や可能性というイメージをもつことが示されているが、それと同時に、「不安」や「心配」という因子も抽出された。

15　国立国語研究所「外来語」委員会（2006）『外来語　言い換え手引き』ぎょうせい

第8章

古語と色を含む言葉

なぜ「青汁」というのか

私たちが今使っている日本語は、文字が入ってくる前から使われていた和語、漢字の輸入によってでき上がってきた漢語、漢字文化圏以外からの言葉である外来語から成り立っています。もちろん長い間には、和語と漢語が混ざるなど混成語も多く出来上がりました。

しかし、古代からの日本語である和語は、私たちのものの見方そのものともいえます。目や歯、手など、きわめて身近なものを指し示すときには、一音で言葉をつくり上げてきたようです。それから、音を組み合わせて二音の言葉によって世界は広がり、言葉の数も増えていきます。組み合わせが多くなれば、指し示すものも多くなります。そして、最終的には、でき上がっていた言葉を組み合わせて新しい言葉をつくりました。それが複合語です。例えば、心の中で考えること「思う」と、方向性を示す「やる」を合わせた「思いやり」という言葉です。自分の思いが相手に届くような感覚です。

このように、和語を考えていくことは、日本語そのものを考えていくことにもなります。

ここでは、奈良・平安時代から続く言葉の流れを追ってみましょう。

私たちは「青い」という色の表現を使います。

小学校低学年の教科書に出てきますし、青はいろいろなところに使われる言葉でもあります。青がつく言葉を考えてみましょう。

青汁　青魚　アオガエル　青りんご　青首大根　青信号　青竹

青い空　青い海　青い森　青い地球　青い芝　青い山脈　青い月

空の青　海の青　ドクダミの青　信号の青

八丁浜の東側にある、青松と岩場に囲まれたキメ細かな白砂の海水浴場

（京丹後市にある観光スポットの案内）

【グリーンピース】マメ科。完熟前の青いエンドウの実を収穫したもの

ところどころに梅子こぼれ、青々としたる芝生に咲き残れる薔薇の花半ばは落ちて、ほのかなる香は庭に満ちたり。（『不如帰』徳冨蘆花）

このようにいろいろな場面で、使われています。

でも、ちょっと待ってください。これらの指し示しているものは、本当に私たちがイメージしている「青」でしょうか。実際には、ほとんどが「緑」と思われる色ばかりです。これは、色の種類としての緑が登場したのが近代であることが関係しているようです。

しかし、平安の昔にも、緑はありました。

日はいとうららかなれど、空は緑に霞みわたれるほどに（『枕草子』）

なんと、こちらは空の色が緑です。

それでは、昔の人は、緑と青が逆だったのでしょうか。

どうやらそうでもないようです。「源氏物語」の一説に、山藍に摺れる竹の節は松の緑に見えまがひ、かざしの花のいろいろは秋の草に異なる（『源氏物語』）

とあります。竹や松葉はやはり緑でしょう。

それでは、私たちがイメージする青は、奈良・平安・鎌倉時代は、何を表していたのでしょうか。いくつか例を探してみましょう。

藤の花は、しなひ長く、色濃く咲きたる、いとめでたし。四月のつごもり、五月のついたちのころほひ、橘の葉の濃く青きに、花のいと白う咲きたるが、雨うち降りたるつとめてなどは（『枕草子』）

庭なども、蓬にしげりなどこそせねども、所々、砂子の中より青き草うち見え、さびしげなるこそあはれなれ。物かしこげに、なだらかに修理して、門いたくかため（『枕草子』）

「青々と茂っている」などといいますが、平安のころから木々の葉は「青」と表現されてきたようです。また、こちらは、現代の畳などの「青々と」に通じるでしょうか。

国などに来にけるにやあらむと、空にひびきあがるやうにおぼゆ。内に入りぬれば、色々の錦のあげばりに、御簾いと青くかけわたし、屏幔ども引きたるなど、すべてすべてさらにこの世とおぼえず。御桟敷にさし寄せたれば、またこの殿ばら立ちたまひて（『枕草子』）

御簾はもともと竹などを黄色く染めますが、まわりは薄緑色の萌黄で化粧します。どう見ても青くはないのですが、「いと青くかけわたし」ているようです。畳も日に焼けると黄色くなってしまいますが、元々は緑色の井草です。ここでも緑が青になっています。

この民部卿の御気色いとあしうなりて、色もいと青くこそなりたりけれ。さて後に、霊に出でまして、「その夜やがて、胸に釘はうちてき」（『大鏡』）

顔色が悪いときに、「顔が青い（青白い）」などと使いますが、これも人間の顔が本当に青かったら怖いでしょう。具合が悪いときに「青く」なるという表現が使われてきました。コケなどの植物も青と表現されています。

洞ノ中ヲ見ルニ聖人居タリ。身ニ肉無クシテ只骨皮許也。青キ苔ヲ以テ服物ト為リ。僧ヲ見テ云ク、「何ナル人ノ此ニハ来リ給ヘルゾ。（『今昔物語集』）

かやうにても出で入りたまはましかば」など、人々言ふめり。「右将軍が塚に草初めて青し」と、うち口すさびて、それもいと近き世のことなれば（『源氏物語』）

『宇治拾遺物語』には、青がおもしろいところで使われています。

とかく歩きけるが、涼まんとて、その淵の傍らの木陰にゐにけり。淵青く恐ろしげにて、底も見えず。葦、菰などいふ物生ひ茂りたりけるを見て、汀近く立てりけるに（『宇治拾遺物語』）

これは、今まで見てきた草の緑や、青々とした様子ではなく、黒く先の見えない様子を形容しています。黒い馬のことも「あお」といいますが、青は色の濃い状態を指し示す言葉のようです。

したがって、私たちが現在使っている青のつく言葉も、どちらかというと色が濃いようなものに使われているようです。そして、その感覚というのは、本当の色がどうかというよりは、色を表す形容詞が示す範囲がかなり広かったといえるでしょう。薄い色よりは濃い色、はっきりしているよりはよくわからないボヤっとした色、このようなものを見るときの色の感覚が、千年以上前から私たちの中に脈々とつながってきているのです。

赤い・白い・黒い

日本にはもともと色を表す形容詞は四つしかありませんでした。「青い」以外では、「赤い」「白い」「黒い」です。これらがどのように使われているのかを、遡ってみてみましょう。

「赤い」色は、どうやら顔に多く使われています。現代でも「顔を赤くする」とは、血色がよかったり、健康そうであったり、逆に熱があるときであったり、はたまた恥をかいたときなどに使います。顔が赤くなるのは、古来からいろいろな意味で捉えられてきたようです。

道のままも思ひまうで来つる」とて、顔も、つと赤くなりて言ひ居たるに、いとど姫君も心細くなりて（『堤中納言物語』）

あまた見やらせたまふに、目をくはせたまへば、御おもていと赤くなりて、とみにえうち出でさせたまはず、ものも仰せられで（『大鏡』）

入道中納言さし出でたまへりけるに、帝、御面いと赤くならせたまひて、術なげに思し召したり。中納言もいとあさましう見たてまつりたまへど、人々の見るに（『大鏡』）

いみじく生ひ先見えてうつくしげなる容貌なり。髪は扇をひろげたるやうにゆらゆらとして、顔はいと赤くすりなして立てり。「何ごとぞや。童べと腹立ちたまへるか」とて、尼君の見上げたるに（『源氏物語』）

なずらはざらむと思ふさへこそ心苦しけれ」とてうち泣きたまふ。女君、顔はいとあかくにほひて、こぼるばかりの御愛敬にて、涙もこぼれぬるを（『源氏物語』）

額髪もしとどに泣き濡らし、乱れかかるも知らず、面もいと赤くて、おさへてゐたるこそ、いとをかしけれ。八月ばかりに、白き単衣、なよらかなるに、袴よきほどにて（『枕草子』）

また、鳥などの赤い部分を指すときにも使われ、これは本当に「赤」そのものでしょう。

田川のわたりにこそありと聞きしかど、都鳥といふ鳥の、嘴と脚と赤きは、この浦にもありけり。言問はむ嘴と脚とはあかざりし我が来し方の都鳥かと（『十六夜日記』）

魏の文帝、「（鍾大理に与ふる書）」の詞書にいはく、美玉の白きこと、肪を截るがごとく、黒きこと、純漆に譬へ、赤きこと、鶏冠に擬し、黄なること、蒸せる栗に侔しとあるを見るこそ、さることあり、とおぼえていみじけれ。（『十訓抄』）

ことにえもいはず大きなる猿の、長七八尺ばかりなる、顔と尻とは赤くして、むしり綿を着たるやうにいらなく白きが、毛は生ひあがり（『宇治拾遺物語』）

それでは、「白い」はどうでしょう。現代では、次のように、清潔なさま、きれいな状態のときに使われるようです。

白ワイン　白砂糖　白煙　白化粧　白ご飯　シロイルカ　白表紙
白い歯　白い肌　白いご飯　白い雲　白い砂浜　白い雪　白い波
白い霧　白いワイシャツ

その白に対する感覚は、古代から続くものなのでしょうか。
白は、まずは自然の様子を描写するのによく使われます。雪の白さは、白の代表といえますが、そのほかにもいろいろと使われています。代表的なものが以下の一節です。

冬はつとめて。雪の降りたるは言ふべきにもあらず、霜のいと白きも、またさらでもいと寒きに、火などいそぎおこして、炭持てわたたるも、いとつきづきし。昼になりて、ぬるくゆるびもていけば、火桶の火も、白き灰がちになりてわろし。（『枕草子』）

霜が雪に例えられることはよくありますが、これも白さという点で密接なつながりをもっています。

さらに、自然の中の波なども白で表されています。

伊勢、尾張のあはひの海づらをゆくに、浪のいと白くたつを見て、いとどしく過ぎゆく方の恋しきにうらやましくもかへる浪かなとなむよめりける。(『伊勢物語』)

大井川といふ渡りあり。水の世のつねならず、すりこなどを濃くて流したらむやうに、白き水はやく流れたり。富士川といふは、富士の山より落ちたる水なり。(『更級日記』)

駿河なるうつの山辺のうつつにも夢にも人にあはぬなりけり　富士の山を見れば、五月のつごもりに、雪いと白うふれり。時しらぬ山は富士の嶺いつとてか鹿子まだらに雪のふるらむ(『伊勢物語』)

河内の国、生駒の山を見れば、曇りみ晴れみ、立ちゐる雲やまず。朝より曇りて、昼晴れたり。雪いと白う木の末にふりたり。それを見て、かのゆく人のなかに、ただひとりよみける。（『伊勢物語』）

またの日のまだつとめて、霜のいと白きに、「ただ今のほどはいかが」とあれば、起きながら明かせる霜の朝こそまされるものは世になかりけれ（『和泉式部日記』）

七日になりぬ。同じ港にあり。今日は白馬を思へど、かひなし。ただ、波の白きのみぞ見ゆる。かかるあひだに、人の家の、池と名あるところより（『土佐日記』）

それから、白は清潔なイメージや清らかなイメージももっていますが、このイメージも以前からあったようです。

臥したる月かげ、さやうの人にはこよなくすぎて、いと白く清げにて、めづらしと思ひてかき撫でつつ、うち泣くを（『更級日記』）

こども、火をともして見れば、昔、こはたといひけむが孫といふ。髪いと長く、額いとよくかかりて、色白くきたなげなくて、さてもありぬべき下仕へなどにてもありぬべし（『更級日記』）

をのこどもいとおほく、牛よくやる者の、車走らせたる。白く清げなるみちのくに紙に、いといと細う書くべくはあらぬ筆して（『枕草子』）

よき家の中門あけて、檳榔毛の車の白く清げなるに、蘇芳の下簾にほひいときよらにて、榻にうちかけたる（『枕草子』）

清少納言は白をよく使いますが、明るくなって夜が明けてくる様子も、白で表現しています。現代でも、「夜がしらじら開けて」などといいます。

春はあけぼの。やうやうしろくなりゆく山ぎは、すこしあかりて、紫だちたる雲のほそくたなびきたる。（『枕草子』）

明けぬといふなれば、やがて御堂より下りぬ。まだいと暗けれど、湖の上白く見えわたりて、さいふいふ、人二十人ばかりあるを、乗らむとする（『蜻蛉日記』）

人を形容するために白を使うと、清潔、清らかというイメージから、肯定的な表現で使われています。

きもものうららかにて、この君五十日のほどになりたまひて、いと白ううつくしう、ほどよりはおよすけて、物語などしたまふ。大殿渡りたまひて、「御心地はさはやかになりたまひにたりや。（『源氏物語』）

抱きとりたまへば、いと心やすくうち笑みて、つぶつぶと肥えて白ううつくし。大将などの児生ひほのかに思し出づるには似たまはず。女御の御宮たち、はた、父帝の御方ざまに、王気づきて気高うこそ（『源氏物語』）

いとほしくて、寄りて手を取りて引き渡しつ。手のいと白くふくやかにて、いとよかりければ、この手を放しえず。(『宇治拾遺物語』)

最後に「黒い」をみてみましょう。黒いという表現は、現代では黒猫に代表されるように、あまりよいイメージでは使われません。

黒猫　黒電話　黒蟻　黒トカゲ　黒い影　黒い髪　黒い雲
黒い煙　黒い森　黒い感情　黒い悪魔　黒いつむじ風

右のような用例がありますが、マイナスイメージをもつ言葉として使われているものが少なくありません。

それでは、日本でははじめからこのようなイメージだったのでしょうか。

「黒」は主に空の様子、雲の様子を形容するときに使われていました。

かくいふあひだに、夜やうやく明けゆくに、楫取ら、「黒き雲にはかに出で来ぬ。風吹きぬべし。御船返してむ」といひて船返る。(『土佐日記』)

二月つごもりごろに、風いたう吹きて、空いみじう黒きに、雪すこしうち散りたるほど、黒戸に主殿司来て（『枕草子』）

正月十余日のほど、空いと黒う曇り厚く見えながら、さすがに日は、けざやかにさし出でたるに（『枕草子』）

白き。紫。黒きもをかし。風吹くをりの雨雲。明けはなるるほどの黒き雲の、やうやう消えて、しろうなり行くも、いとをかし。「朝にさる色」とかや、文にも作りたなる。（『枕草子』）

空の様子が黒雲に覆われていく様子は、現代ともつながる感覚ですが、青や白に比べて用例が多くありません。書き言葉で文字に残すときに表現されることがあまり多くなかったようです。反対に白などは、清々しさやきれいさのイメージとともに多く使われていました。

また、空模様とは違った用例として、左のように、ものに対して使われることがあります。これは、使い込まれてよい色になってきている様子を表しており、悪いイメージはありません。

うちながめたまひて、涙のこぼるるをかき払ひたまへる御手つき黒き御数珠に映えたまへるは、古里の女恋しき人々の、心みな慰みにけ（『源氏物語』）

世の常なる袿、また張りたるどもなどを、あまた奉りて、いと黒うつややかなる琵琶に、御袖をうちかけてとらへさせたまへるだに（『枕草子』）

そして、白とは反対に、汚い様子を表現する場合に使われることがあります。

よからぬ人は肴取りて口にさしあて、自らも食ひたる、さまあし。声の限り出して、おのおの歌ひ舞ひ、年老いたる法師召し出されて、黒くきたなき身を肩抜ぎて、目もあてられずすぢりたるを（『枕草子』）

これらの色をみてくると、現在私たちが使っている色の感覚が古来より引き継がれてきたことがうかがえます。

なぜ青くもないのに「青汁」というのか。

青汁は昔からある言葉ではありません。新しい言葉ではありますが、新しい言葉をつくる際にも、今までの色と言葉に対する感覚が作用していることがわかります。

このように、和語の起源を探ると、私たちがものをどうみてきたのかがとてもよくわかります。

季語にみる言葉の感覚

和語の典型的なものに「季語」があります。

春は、「朧月夜」「木の芽」「雨水」「蒲公英」「十三詣」

夏は、「雷」「卯花腐し」「菖蒲《あやめ》」「桑の実」「祇園会」

秋は、「霧」「啄木鳥」「鶏頭」「七夕」「雁」

冬は、「霜」「炭」「梟」「水仙」「早梅」

などがありますが、これらの季語も、奈良・平安の昔から続いてきた言葉の感覚に裏打ちされて、現代に至っています。したがって、現代の新しい文物を季語にする場合でも、言葉の感覚が生かされています。


五月になりぬ。菖蒲の根長きなど、ここなる若き人騒げば、つれづれなるに、取り寄せ（『蜻蛉日記』）

節は、五月にしく月はなし。菖蒲、蓬などのかをりあひたる、いみじうをかし。（『枕草子』）

五月の御遊び所にて、水のほとりに菖蒲植ゑしげらせて、むかひに御厩して、世になき上馬どもをととのへ（『源氏物語』）

例えば、右のように、「菖蒲」は5月と決まっていたようです。季節を感じるものはいろいろありますが、植物は昔から私たちに、季節を教えてくれていたようです。今でも、自然の植物や動物たちは、季節の中で豊かに息づいています。

おわりに

本文でも少し触れましたが、以前、「ナスカの地上絵」を見に、ペルーを訪れました。だれによって何のためにつくられたのか、いまだに説の飛び交う謎に満ちた遺跡です。紀元前後につくられた地面を削っただけの線で描かれているこの遺跡が現在も残っていることは奇跡です。その原因の一端をペルーのガイドさんから聞くことができました。それは、この地方の人はほとんど「天気予報」というものを見ないし、信用してもいないということでした。なぜなら、一年中ほぼ同じ気候なのです。毎日「晴れ・少し曇り」。気温は、一日の間に0度から20度。つまり、降水がなく、気温も一年中ほぼ一定では、天気予報を見る意味がないのです。そして、「日本人はよほど天気予報が好きなのですね」と言われました。そう言われれば、テレビであれネットであれ、天気予報を見ない日はないかもしれません。そのような環境の中、地面に描かれた線も雨などで侵食されることなく現在まで残ることになりました。

天気がほぼ一定であれば、天気に関する語彙も少なくなります。日本語で雨の種類が多いと言われることも、私たちの生活環境が言葉をつくり、使わせていると言えます。方言などは、さらにその土地に根差した言葉でしょう。その言葉でしか表せない状況や感興というものがあります。だから、言葉を辞書で調べただけでは本当にわかったとは言えません。その言葉が発せられる状況や心のありようまで含めて「語彙」なのです。

知識として言葉を獲得することは大切です。漢字が書けるようになることも重要な教育目標の一つです。しかし、言葉は単独で存在するものではなく、他の言葉との関係の上に成り立っています。そしてこのことは個人の言語体系の中でも同様のことが言えます。つまり、言葉の意味が自分と離れた外側にあるのではなく、自分の中の言葉の網目の中で息づく必要があります。それが本当の知識というものです。よく「自分の言葉で書いてみよう」などという言い方がされることがあります。自分以外の言葉などなさそうに思えますが、実はあるのです。ですから、「自分の言葉で」などという表現がされるのです。

自分の言葉を獲得するには、自分の身の回りのことを言葉によって切り取ってみることが大切です。どんな言葉で表すことができるでしょうか。色でも音でも、触覚でも嗅覚でも、様々な言葉によって自分のまわりの世界を切り取っていくとき、そこに豊かな言葉の世界が生まれます。

ペルーでは、天候に関する語は少ないのですが、そこで採れる芋の種類を表す言葉は豊富にあります。南米は芋の原産地とのことで、種類は数千に及びます。それらを見分け、区別する言葉の多さには驚嘆するばかりです。小さな子どもが、市場におつかいに行き、お目当ての芋を間違わずに買って帰ります。見慣れない私などは、大きさの違うジャガイモくらいにしか思えません。

日本語を学習する子どもたちがどのような言葉を覚え、使いこなしていくのか。これからの時代、世界に羽ばたき英語や中国語などの多言語を駆使して活躍していくとしても、文化とともに育まれた母語は、人が人であることを成り立たせる大切な要素でしょう。自分の文化や言葉を大切にすることは、相手の文化や言葉を大切にすることにもつながります。本書をまとめることを通して、教育を通して豊かな言葉が飛び交う「豊かな」社会を目指していきたいという思いを新たにし、筆を擱きます。

2019年4月

鈴木　一史

206

初出語彙指導・語彙分析関連文献一覧

・2008年3月（単）「教科書コーパスによる国語科学習語彙の選定方法の検討」東京大学教育学部附属中等教育学校『東大附属論集』第51号、pp83―92

・2008年6月（単）「漢字の読み書き問題の通過率に影響を及ぼす要因について　中学三年生の調査をもとに」（解釈学会）『解釈』54巻5・6号、pp9―17

・2008年9月（単）「国語教育における『語彙』指導　語種とレベルに着目して」『日本語学』（明治書院）27巻10号、pp16―24

・2008年9月（単）「語彙教育と語彙指導」『特定領域研究「日本語コーパス」言語政策班中間報告書　言語政策に役立つ、コーパスを用いた語彙表・漢字等の作成と活用』（代表制を有する大規模日本語書き言葉均衡コーパスの構築：21世紀の日本語研究の基盤整備　言語政策班）pp213―226

・2009年9月（共）鈴木一史　淺香真弓　大井和彦「中等教育6年間における語彙発達の質的・量的分析と効果的授業開発」財団法人　博報児童教育振興会『第3回　博報「ことばと教育」研究助成　研究成果論文集』pp125―127

・2010年3月（単）「生徒作文に見られる副詞の使用について」東京大学教育学部附属中等教育学校『東大附属論集』第53号、pp85―99

・2011年3月（単）「教科書使用語彙の特殊性　教科間相関語彙」東京大学教育学部附属中等教育学校『東大附属論集』第54号、pp47―52

・2011年2月（単）「作文コーパスからみる生徒の使用語彙」特定領域研究「日本語コーパス」言語政策班報告書『言語政策に役立つ、コーパスを用いた語彙表・漢字表の作成と活用』pp171―179

参考文献一覧

・２０１１年９月（単）「中等教育段階における使用語彙の変化」（日本国語教育学会）『月刊国語教育研究』４７３号、pp50―57

・２０１２年３月（単）「国語科教科書教材の使用語彙の特質　「羅生門」を「水の東西」と比較して」東京大学教育学部附属中等教育学校『東大附属論集』第55号、pp45―56

・２０１２年11月（単）「改訂常用漢字表と漢字指導」『教育科学国語教育』（明治図書）54巻11号、pp14―15

・２０１３年11月（共）鈴木一史・内川美佳「意見文作成における語彙および文型提示の教育的効果」茨城大学教育学部附属教育実践総合センター『茨城大学教育実践研究』32、pp17―31

・２０１３年５月（単）「作文に含まれる『他教科』」『実践国語教育研究』（明治図書）37巻３号、pp15―16.

・２０１４年６月（単）「作文の中の接続表現　『そして』と『しかし』」（解釈学会）『解釈』60巻、５・６号、pp54―61

・２０１４年11月（単）「中学校での古典文法の指導を、どのように考えるか　古典文法と言語活動」『日本語学』（明治書院）33巻13号、pp４―15

・２０１５年３月（単）「教科書との対照による『中学校学習指導要領解説 国語編』に見られる学習用語」『教育科学国語教育』（明治図書）57巻３号、pp10―13

・２０１５年６月（単）「作文コンクール入賞作品の文体特徴　小平作文コンクールの語彙素解析をもとに」（解釈学会）『解釈』61巻５・６号、pp２―11

・２０１６年６月（単）「新概念を表す際の用語選択問題　再生医療関連語彙に関する教育的課題」（解釈学会）『解釈』62巻５・６号、pp２―11

・２０１７年10月（単）「語彙教育の視座コーパスから考える『豊かな語彙』」『初等教育資料』（東洋館出版社）９５９、pp１１０―１１３

・２０１８年６月（単）「語彙学習の二側面」（日本国語教育学会）『月刊国語教育研究』53巻、５５４号、pp４―９

【著者紹介】

鈴木　一史（すずき　かずふみ）

茨城大学教育学部教授

筑波大学大学院教育研究科修了後，東京大学教育学部附属中等教育学校教諭を経て，2012年から現職。

日本国語教育学会，解釈学会員，教育出版中学校国語教科書編集委員，NHK 高校講座「現代文」講師。特定領域研究「日本語コーパス」（BCCWJ）（2006～2010年度）プロジェクトに参画。

（著書）

『今日から使える　中学校国語指導技術アイデア事典』（編著，明治図書，2018年），『中学校国語科　授業を変える課題提示と発問の工夫39』（単著，明治図書，2015年），『広がる！　漢字の世界』全３巻（共編集，光村教育図書，2011年），『新レインボーことばが選べる辞典』（編集委員，学研教育出版，2011年），『観点別学習状況の評価規準と判定基準』（共著，図書文化社，2011年）など

国語教師のための語彙指導入門

2019年６月初版第１刷刊　©著　者　鈴　木　一　史
2020年５月初版第２刷刊　発行者　藤　原　光　政
発行所　明治図書出版株式会社
http://www.meijitosho.co.jp
（企画）矢口郁雄（校正）大内奈々子
〒114-0023　東京都北区滝野川7-46-1
振替00160-5-151318　電話03(5907)6701
ご注文窓口　電話03(5907)6668

＊検印省略　組版所　株　式　会　社　カ　シ　ヨ

Printed in Japan　ISBN978-4-18-246711-0